서비스
기획자로
일하고
있습니다

# 서비스
# 기획자로

# 일하고
# 있습니다

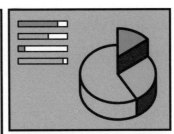

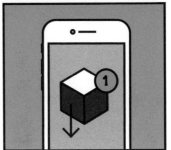

강승훈 지음

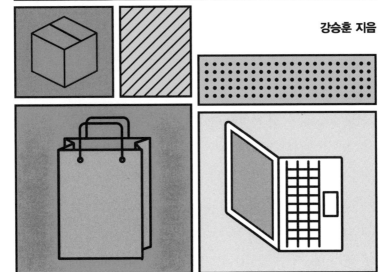

천그루숲

# 머리말

    어느 날 입사 1년 차 사원이 조심스럽게 티타임을 요청해 왔습니다. 평소 밝고 긍정적인 성격에 신입임에도 주어진 업무를 불만없이 해나 가던 모습이 인상적이어서 관심있게 지켜봤던 친구였습니다. 같은 파트는 아니었지만 오랜만의 티타임이라 가볍게 수다를 떨 생각으로 회의실로 들어가 몇 마디를 나누던 중 갑자기 그 친구가 눈물을 흘렸습니다. 자초지종을 물어보니 사연은 다음과 같았습니다.

    "선임님은 입사 1년 차에 어떠셨어요? 제가 최근에 ○○업무를 맡고 나서 외주 개발사와 사내 개발자들과 미팅이 많아졌어요. 그런데 개발자들과 대화를 하는데, 개발과 디자인에 대한 용어를 하나도 못 알아 듣겠더라고요. 그게 한두 번이면 모르겠는데 6개월이 넘도록 ○○서비스의 고도화 프로젝트의 PM 역할을 맡고 있으면서 자괴감과 죄책감이 동시에 들었어요. 딱히 물어볼 곳도 없고 해서 저희 파트 사수분께 나름 SOS를 치기도 했지만 물어보는 것도 한두 번이지 번거롭게 해드리는 것 같아 죄송한 마음만 한가득이에요. 제가 적극적으로 열심히 공부하고 질문하고 기록했다가 모르면 검색도 하고 그래야 하지만 현실적으로 그게 잘 안 돼요. 혹시 선임님은 입사 초반 때부터 기획자 업무에 어려움이 없으셨나요? 공부는 어디서 하신 거예요? 예전에 다니던 회사에서 미리 배우셨나요? 저는 정말 기획자로서 자질이 없는 것 같아 고민 끝에 선임님께 질문드리는 거예요."

시간이 꽤 지났지만 그날의 기억이 아직도 생생합니다. 제가 입사했을 때의 모습과 겹쳐졌기 때문입니다. 어느 정도 경력이 쌓이고 난 지금, 우리 기획자들끼리 만나면 이런 말을 합니다.

"기획자는 원래 맨땅에 헤딩하면서 배울 수밖에 없지. 도메인이 너무 다르고 담당하는 모듈이 다르기 때문에 이걸 하나의 교재처럼 만들어 설명하기도 어렵고. 게다가 업무의 80%는 정성적인 커뮤니케이션 스킬들이 많은데 이걸 누구에게 어떻게 알려주냐고…."

그러면 누군가는 또 이렇게 말합니다.

"요즘은 예비 기획자나 주니어 기획자들이 기업에서 사실상 방치되고 있는 거 같아. 사수가 없거나 사수가 있더라도 제대로 알려주지 못하다 보니 유료 강의를 들으면서라도 살아남으려고 하는 모습이 개인적으로 너무 안타까워."

지금의 회사를 중고신입으로 들어와 일을 배웠던 첫해, 누가 시킨 것은 아니었지만 새벽까지 남아 넘치는 일들을 부여잡고 후배들이 다시는 이런 '무지'로 인해 고생하는 일이 없도록 하겠다며 작성했던 노트가 하나 있습니다. 이름하여 〈배움이 느린 아이의 업무노트〉입니다. 언제

봐도 낯부끄럽지만 이 노트 하나가 지금의 나를 있게 만들었고, '기획자란 원래 그렇게 일하는 거야'라는 업무환경 속에서 생존을 위한 몸부림으로 만들었기에 아직도 전 이 노트를 애용하고 여전히 모르는 게 있으면 노트에 기록하곤 합니다.

주니어 기획자의 모든 상황을 일반화할 수는 없겠지만 이 분야만큼 정보의 비대칭성이 심각한 분야도 없다는 생각이 들었습니다. 그래서 이 책은 이미 전문 서비스 기획자이거나 저와 같이 앞구르기 뒤구르기 하며 맨땅에서 배운 기획자를 대상으로 한 책이 아닌 이제 막 구르기를 준비하고 계실 주니어 기획자 또는 이 세계에 발을 들이고 싶은 예비 기획자들을 대상으로 기획한 책입니다. 시중에는 이미 너무나 뛰어나고 유명한 기획자 분들의 책이 많습니다. 하지만 '서비스 기획'이란 그 단어의 무게감으로 인해 무엇부터 시작해야 할지 모르거나 개념조차 헷갈리는 분들이 훨씬 더 많을 것을 알기에, 여전히 배울 것이 많은 저이지만 함께 배워나가는 교학상장의 심정으로 지난 4년 동안의 업무 경험을 녹인 저의 업무노트 내용을 하나씩 풀어가려 합니다. 그리고 저의 지극히 개인적인 생각으로 치우칠 수 있음을 우려해 현업에 계신 다양한 연차(3~10년 차)의 선후배들과 여러 산업군에 계신 지인들을 대상으로 인터뷰를 거쳐 본문의 내용을 구성했습니다.

이커머스 기업에서 어드민 기획자로 활동하며 단 몇 개의 서비스만을 론칭한 얄팍한 PM 경험만 있는 제가 서비스의 전체 구조를 이야기한다는 것이 어쩌면 무모한 도전일 수 있습니다. 하지만 그래서 저는 서비스 기획계의 백종원을 꿈꿉니다. 전문 요리사는 아니지만 누구보다 요리를 쉽게 알려주는 백종원처럼, 자전거는 타기 어렵지만 세발 자전거는 타기 쉽다는 것을 알려주고 싶다는 그의 포부처럼 저에게 눈물을 흘리며 고민을 토로한 1년 차 사원의 문제만큼은 충분히 해결해 줄 수 있을 거라는 마음에서 한 글자씩 써 내려갔습니다. 모두가 IT 대기업의 기획자, 판교의 기획자를 꿈꾸지만 어떤 기업의 기획자이건 주니어 기획자들의 현실은 크게 다르지 않다는 것을 잘 알고 있습니다. 부디 이 책을 통해 작게나마 기획의 부담감을 조금이라도 떨쳐내기를 바랍니다.

저는 지금도 책상 한편에 이런 글귀를 적어두고 매일 같이 복기를 하고 있습니다.

'나는 똑똑한 것이 아니라 단지 문제를 더 오래 연구할 뿐이다.'

지식이 중요한 게 아니라 생각하는 힘과 문제를 끊임없이 파고들려는 자세만 있다면 누구나 기획자가 될 수 있습니다. 그래도 막연하다고요? 그럼, 저와 함께 '참을 수 없이 무거워 보이는 서비스 기획'을 좀 더 가볍게 만들어 볼까요?

강능훈

# 차례

## PART 1 서비스 기획자는 어떤 일을 하나요?

## PART 2 서비스 기획자가 되고 싶다면

# 서비스 기획자를 둘러싼
# 7가지 궁금점

### 1) 서비스 기획자는 어떤 일을 하는 사람인가요?

서비스 기획자를 이해하려면 크게 3가지 키워드가 필요합니다. 저는 이를 '비즈니스' 'IT 기술' '스토리보드'로 구분해 봤습니다.

서비스 기획자란 비즈니스의 요구사항을 분석하고, 이를 해결하기 위해 IT 기술에 기반한 제품 설계를 하는 사람이자 그 제품의 설계를 위해 범위를 정하고 서비스가 구현되는데 필요한 스토리보드를 만드는 사람이라고 할 수 있습니다.

수많은 용어 중에서 이 3가지 키워드를 꼽은 이유는 책을 통해 차차 풀어보도록 하겠습니다.

### 2) 서비스 기획자에게 어울리는 전공과 성향이 따로 있나요?

서비스 기획자에 국한된 전공이나 이런 사람만이 서비스 기획자가 될 수 있다는 기준은 사실 없습니다. 다만 선호되는 성향은 있을 수 있습니다.

우선 디자인(산업디자인, 시각디자인)이나 컴퓨터공학(개발), 또는 경영학(관련 융합전공 포함)을 전공했다면 서비스 기획 업무를 하는데 수월할 수 있습니다. 아무래도 모바일과 웹에서 보여지는 결과물들을 다루는 직업이기 때문에 디자인에 대한 감각이 있으면 고객이 어떤 것을 선호하고 고객의 편의성과 효율성을 높이는데 적합한 대안인지 선택하기가 쉽기 때문이죠. 또한 개발 없이 구현되는 서비스가 없다 보니 컴퓨터공학을 전공했다면 조금 더 장점을 발휘하기 쉽습니다. 그리고 이러한 디자인과 개발의 과정과 결과물들이 브랜드(기업)가 추구하는 방향과 맞게 흘러가고 있는지에 대한 사업성을 판단하기 위해 경영학적 지식이 수반되면 더 수월하게 일을 할 수 있다는 장점이 있습니다.

물론 관련 전공자가 아니더라도 사용자 관점에서 '아, 이 서비스는 이래서 좋구나'라는 분석력이 있고, 새로운 서비스를 비즈니스 관점에서 사용해 보고 본인만의 코멘트를 남기는 것에 흥미가 있는 사람이라면 서비스 기획자가 되는데 크게 제한은 없습니다.

그리고 굳이 어울리지 않는 사람을 꼽으라면 성격적인 측면에서 볼 때 귀차니즘과 거리가 먼 사람이어야 합니다. 서비스 기획자는 소통관 역할을 해야 하기 때문에 '귀차니즘'이 일상화된 사람들에게는 권하지 않는 직업 중 하나입니다. 각기 다른 부서와 고객에게서 전달된 애로점을 취합하여 개발자와 디자이너에게 전달하는 역할을 하다 보면 다양한 유형의 요구사항들이 쏟아지게 됩니다. 기획자로서 이러한 것들을 정리하지 않고 그대로 디자인이나 개발에 필요한 다른 업무 파트너에게 전달하기만 한다면, 이들은 메신저와 다를 바 없습니다. 디자이너와 개발자의 입장에서는 기획자의 시각과 서비스의 구현 방향이 담긴 명

문화된 문서를 작성해 주는 것이 중요한 만큼 자신이 꼭 부지런하지 않더라도 부지런한 척, 부지런하게 되어야 하는 직무이기도 합니다.

### 3) 서비스 기획자는 신입으로 커리어를 쌓을 수 없나요?

'기획자는 신입을 뽑지 않는다'라는 말은 일부 사실입니다. 하지만 여러분이 인지해야 할 부분은 '왜 신입을 뽑지 않는지'를 이해하는 것입니다.

서비스가 만들어지고 있는 현장은 한정된 자원과 수없이 많은 경쟁 업체 속에서 자사 서비스의 안정적인 출시와 운영이 필요한 전쟁터입니다. 아울러 린 기법(가설 검증을 통해 최소 기능만 장착한 서비스 출시)을 통해 고객의 반응을 살핀 후 출시 여부 및 기능 고도화를 결정하는 현재의 기획 프로세스에서 신입사원의 교육까지 짊어지기에는 현장의 기획자들이 여유가 없는 것이 사실입니다.

그래서 우리가 직시해야 할 사실은 기획자에게 필요한 역량은 무엇이며, 신입이 아닌 경력자에 준하는 전문가 인사이트를 쌓기 위해 어떤 것들이 필요한지를 이 책을 통해 살펴봐야 합니다.

### 4) 서비스 기획자는 피그마, XD, 프로토파이, SQL 정도는 알아야 하나요?

기획 툴에 대한 문의가 참 많습니다만, 현업자들과 이야기해 보면 사내에서 서비스 기획의 커뮤니케이션 툴로 사용하는 것은 여전히 '파워포인트'가 압도적입니다(최근에는 '피그마'가 기획자들 사이에서 대세로 떠오르고 있습니다).

또한 기획자의 데이터분석 역량이 중요해진만큼 SQL을 다룰 줄 아는 것은 필요합니다. 단, 툴 자체를 다루는 것이 중요한 것이 아니라 이것을 통해 내가 어떤 데이터를 분석해 봤고, 어떤 문제 정의와 가설 설정을 해보았는지, 그래서 어떤 결과와 러닝 포인트를 얻었는지를 기록해 두는 것이 훨씬 더 도움이 됩니다.

## 5) 서비스 기획자는 입사 전 어떤 자격증을 공부해야 하나요?

서비스 기획과 직접적으로 관련된 자격증으로는 PMP(Project Management Professional)가 있습니다. '프로젝트 관리 전문가'라고 하는데, 프로젝트 관리 분야의 전문가를 선별하기 위해 만들어진 자격증입니다. 사업관리 역량을 증명할 수 있는 시험 중 세계적으로 인정받는 시험이기도 하거니와 다발성 프로젝트를 맡게 되는 서비스 기획자의 업무 루틴을 보았을 때도 꽤 유용한 자격증이라고 봅니다. 그 외에 GA(Google Analytics), ADsP(Advanced Data Analytics Semi-Professional) 등이 있는데, 이 자격증을 취득만 했다고 해서 서비스 기획자로서의 역량 그 자체를 대변하지는 못합니다. 따라서 자격증 취득과는 별개로 본인이 현업의 데이터와 문제에 접근해 분석과 결과물을 낸 경험이 있는지가 훨씬 더 중요합니다.

## 6) 서비스 기획자가 되기 위해 관련 스펙이 없거나 전공자가 아닐 경우 어떻게 직무의 적합성을 표현할 수 있을까요?

서비스 기획자가 되기 위해 가장 추천하는 스펙은 2가지입니다.

첫째는 '창업'입니다. 이 책을 읽는 분들의 나이, 직업, 성별에 관계없이 창업은 누구나 할 수 있습니다. 창업은 자기분석 및 환경분석을 통한 아이템 선정, 고객 개발, 비즈니스 모델의 개발, 사업타당성 검토, 자금계획 수립 및 홍보와 마케팅전략 수립, 수익모델 개발 등의 과정을 내포하게 됩니다. 이는 서비스 기획자가 서비스의 시작과 끝, 이후 운영까지 담당하는 과정과 상당히 유사합니다. 최근 유행하고 있는 스마트스토어는 물론 유튜버, 부동산 투자 등 다양한 부업 또는 사이드 프로젝트 등을 통해 가장 작은 시도부터 먼저 진행해 보기를 권하고 싶습니다.

두 번째는 '실제 서비스를 론칭'해 보는 것입니다. 서비스 론칭의 경험은 서비스 기획을 위한 방법론과 나의 핵심고객을 누구로 정의 내릴지, 정의 내린 고객에게 특화된 서비스 메뉴의 구조는 어떻게 되는지, 어떤 툴을 활용해 프로토타이핑을 할지 등에 대한 실무 기획자와 대등한 경험값을 가지게 됩니다. 다양한 직무 특강과 앱서비스 론칭 강의 또는 유튜브 강좌를 통해 앱 론칭 프로세스를 경험해 비전공자, 무스펙자로서의 장벽을 최대한 줄여 보기를 권합니다. 이 책에는 '반쪽짜리 서비스 론칭 경험기'가 수록되어 있는데, 글을 읽는 독자 누구나 쉽게 따라 참고할 수 있을 거라 생각합니다.

### 7) 서비스 기획 관련 강의는 추천하나요?

네, 추천합니다. 사전에 먼저 서비스 기획과 관련된 도서 정독, 무료 강의 또는 유료 소강의(교육기간이 8주 미만이거나 강의료 20만원 내외)를 수강하며 기획자로서의 진로가 본인에게 맞는지 '호기심을 확신으로 바꾸는 과정'이 필요합니다. 이 작업이 선행되었다는 가정 아래 내일배움카드 사용이 가능한 취업연계형(수강기간 3개월 내외) 강의도 시간 여유가 된다면 추천하고 싶습니다. 교육업체마다 다르겠지만 3개월 내외의 단기과정이기 때문에 테크닉보다는 사고력 위주의 수업이 대부분이고, 이를 통해 서비스를 바라보는 방법과 문제해결 방법, 업무에 필요한 기본 개념들(고객개발, 시장분석, 데이터분석 등)을 배우게 됩니다. 수강생이 직접 프로토타입까지 만들어 볼 수 있어 예상보다 취업이 잘된다는 업계 지인들의 이야기도 들었습니다. 하지만 취업을 보장받기 위해 수강한다는 마음보다 기획자로서 프로젝트의 전반적인 과정과 지식을 알아간다는 마음으로 접근한다면 훨씬 부담이 덜할 겁니다.

# PART
# 1

# 서비스 기획자는 어떤 일을 하나요?

1

# 서비스 기획자의 조건

# 서비스의 시작은 '기획'

## 서비스의 정의

'전 국민 기획 시대' '전 국민 사이드 프로젝트 시대'라고 할 만큼 서비스를 론칭하고 운영하는 것이 그 어느 때보다 쉬워졌다. 직장인 커뮤니티 '블라인드'에서는 퇴근 후 자신이 만들어 본 서비스를 소개하는 글을 종종 볼 수 있다. '디스콰이엇'이라는 커뮤니티에서는 자신이 만든 서비스를 공유하고 서로 피드백을 주고받기도 한다.

1인 1 서비스 기획이 대중화된 배경에는 서비스의 개발에 대한 진입 장벽이 낮아진 데 있다. 유튜브만 봐도 일주일, 아니 3일 만에 코딩 정복이 가능하다는 영상이 수두룩하고, 전문가의 영역으로만 여겨졌던 디자인 프로그램 또한 익히는데 그리 오랜 시간이 걸리지 않는다.

서비스를 만드는 것에 익숙해진 사람들은 생각하는 것을 현실로 만드는 데 주저하지 않는다. 간헐적 단식이 유행이라는데, 이걸 앱으로 만들어 보면 어떨까?(앱 '간단') 1인 크리에이터가 많아지는 요즘 MCN 기업 없이도 크리에이터에게 필요한 SNS 분석 데이터를 받아볼 수 없을까?(미어캣IO) 등 우리 삶의 편리함을 추구하려는 작은 변화의 씨앗들이 서비스라는 결과물로 이어지고 있다.

그렇다면 서비스는 정확히 어떤 것을 의미할까? '서비스'라는 단어는 우리의 일상에서 꽤 친숙한 용어다. 보통은 미용, 전자제품 A/S, 콜센터 상담 등 소비자 편의 목적을 위해 사용되는 무형의 서비스를 의미하지만, 여기에서는 'IT'에 국한된 서비스를 이야기하고자 한다.

이 책에서 다루는 '서비스'는 IT 기술을 통해 우리가 가진 문제를 해결해 준다는 특징을 가지고 있다. 누구나 가지고 있는 스마트폰과 PC에 특정 소프트웨어(애플리케이션)를 공급하는 것부터 은행의 보안 프로그램, 연말정산 시스템, 쇼핑몰 사업을 위한 호스팅 제공업체 등(이런 것들은 SI(System Intergration)라고 한다) 눈에 보이지는 않지만 우리의 삶을 편리하게 만들어 주는 IT 서비스는 이미 우리 생활 전반에 깊숙이 침투해 있다. 그래서 기획자들은 자신이 만드는 이러한 서비스를 '제품' 'Product' '서비스'라 말하며, 자신을 '제품 관리자' '제품 기획자' 등으로 부르기도 한다. 여기서는 편의상 '모든 IT 서비스'를 지칭해 '서비스'라는 단어로 통용하고자 한다.

이처럼 서비스로 인해 우리의 일상이 많이 편리해졌지만, 문제는 서비스 기획이 범람하는 시기에 어떤 것이 올바른 기획인지 그 방향성을 잡기가 쉽지 않다는 것이다. 누구나 할 수 있지만, 아무나 성공할 수 없기에 예비 기획자가 되기로 마음먹은 순간부터 좋은 서비스를 만들기 위한 습관을 가지는 것이 필요하다.

그럼 이제부터 좋은 서비스를 어떻게 '기획'해야 하는지 알아보자.

## 기획의 정의

"이거 기획해 볼까요?"

"기획안부터 만들어 봅시다."

회사에 입사해 들었던 말들 중 '이것'이 없으면 대화가 힘들 정도로 빈번하게 사용하는 단어가 바로 '기획'이다.

마케팅 기획, 전략 기획, 인사 기획, 개발 기획, 공연 기획, 기술 기획, 제품 기획, 서비스 기획, 출판 기획 등은 물론이고, 기획상품, 기획방송, 기획기사, 기획전시 등 특정한 목적을 가지고 한정된 시간에 홍보, 업무수행, 행사를 열 때도 '기획'이란 말이 쓰인다.

그렇다면 대체 '기획'은 무엇일까? 하나의 정의로 정리되지는 않겠지만 '기획'은 문제가 되는 상황에 대해 정의를 내리고, 그것이 진짜 문제인지 '데이터'와 'MECE(Mutually Exclusive, Collectively Exhaustive, 중복과 누락 없이 문제를 분석하는 원칙)'와 같은 문제해결 기법으로 판별해 내고, 이것을 해결하기 위한 '해결책'을 만들어 가는 과정이라 할 수 있다. 우리는 여기서 해결책을 '아이디어'라고 말하며, 문제해결력과 창의력을 바탕으로 구체적인 계획과 변화, 그리고 혁신 등의 결과물들을 기대하게 된다.

| 문제정의 관점 | 문제해결 관점 |
|---|---|
| • 기획은 데이터를 보는 것이다.<br>• 기획은 문제가 무엇인지 찾는 과정이다.<br>• 기획은 MECE다. | • 기획은 현실과 이상의 괴리를 줄여 나가는 것이다.<br>• 기획은 시장 상황에 맞는 전략을 세우는 과정이다. |
| • 기획은 문제를 찾아 해결하여 새로운 기회를 창출하는 것이다. | |

그렇다면 '기획을 잘한다'는 것은 남들보다 탁월한 결과물을 내는 걸까? 아니면 문제를 정의하는 과정을 찾는 것일까? 《기획은 2형식이다》의 남충식 저자는 후자에 좀 더 집중하라고 말한다. 문제의 정의가 잘못되면 아무리 해결책이 좋아도 목적을 달성할 수 없기 때문에 기획을 잘하는 사람들은 문제를 정의하고 본질을 찾는 과정에 3/4 이상을 투자한다고 한다.

## 현업자들이 생각하는 기획의 정의

검증과 설계를 반복하며 공급·수요자 간의 fit을 맞추는 행위 아닐까?

― 군포 어깨왕(6년 차 OTT 서비스 기획자)

특정 목적을 달성할 수 있는 아이디어를 제시하고 구현하는 일이야. 기획은 현재의 문제·이슈를 해결하기 위해 시작되는데, 사용성을 개선하거나 매출을 발생시키는 등 명확하게 목적을 설정하고 이를 위해 다양한 아이디어를 제시하는 과정을 거치게 돼. 사실 아이디어는 모든 사람이 제시할 수 있어. 하지만 기획자는 아이디어가 실제 세상에 나올 수 있도록 구체적인 방향성을 제시하고, 프로젝트의 중심을 잡고, 기능을 정의하고, 운영은 어떤 기준으로 되어야 하는지 명확한 정책까지도 설정해야 하지.

참고로 말하자면, 기획자로서의 개인적인 목표는 근거 있는 기획을 하는 거야. 당연한 이야기일 수 있겠지만, 사실 관성적으로 기획안을 그리는 경우도 생각보다 많거든. '이 버튼은 왜 들어가나요?'라고 물어봤을 때 언제든지 명확한 근거를 제시하고, 함께 일하는 사람들이 납득할 수 있어야 더 좋은 결과물이 나오더라고.

― 아웃도어 퀸(4년 차 교육 서비스 기획자)

# 2

# 기획은 끊임없이 문제를 찾아가는 과정

문제의 본질을 찾고 정의를 내리는 과정은 다시 '문제(현상 자체)'와 '문제점(그 현상이 발생하게 된 배경)'을 구분하는 것으로 나뉜다. 이때 중요한 것은 '문제점'을 규명하는 데 초점을 맞추는 것이다. 문제점이란 문제가 발생하게 된 배경과 맥락을 의미하는 것으로, 이것을 정확하게 분석하고 이해할 때 비로소 정확한 대안이 나올 수 있다.

문제점을 찾기 위해서는 다양한 접근론이 있겠지만 주로 사용하는 방법은 고전 중의 고전인 '5WHY 문제해결 기법'이다. 이 기법은 꽤나 직관적이어서 노트에 끄적이기만 해도 문제를 쉽게 정의할 수 있어 오래전부터 활용되고 있다.

5WHY는 '더는 왜라고 질문할 수 없을 때까지 질문하는 것'이다. 5번이라고 했지만, 질문은 더 짧거나 길어질 수 있다. 중요한 건 질문이 더 나오지 않을 때까지 질문을 계속 던져야 한다는 것이다. 문제의 원인에 대해 땅굴을 파듯이 계속해서 규명해 보면 최종 원인에 해당하는 문제점을 발견할 수 있다. 이해하기 쉽게 한 가지 사례를 들어보자.

한 온라인 패션 브랜드에서 코로나 기간 동안 '환불 지연'으로 인한 문제로 골머리를 앓고 있었다. 세일을 할 때는 특히 더 심했다. 브랜드 충성도가 높아 고객들의 재구매율이 높기는 하지만 이대로 가다간 기존 고객들조차 이탈할 것 같아 관련 담당자들이 모여 회의를 진행했다.

1 환불이 왜 이렇게 늦어질까?

세일 기간에 구매량이 많아지고 동시에 반품 접수도 함께 늘어나다 보니 환불 처리가 지연되고 있어.

2 구매량이 많아지는데 왜 환불 처리는 지연이 될까?

구매량과 환불 건은 정비례 관계이기 때문이야. 환불은 물류 담당자가 상품의 이상 여부를 검수 후 '환불 취소' 버튼을 수기로 눌러줘야 해. 따라서 환불 처리 건이 많아지면 이를 처리하기 위한 전담 인력이 더 늘어나야 하지만, 인력 충원이 쉽지 않은 상황이야.

3 그럼, 고객들의 불만은 인력 충원만 해주면 끝나는 걸까?

꼭 그렇지도 않아. 고객들은 환불이 지연되는 것조차 제대로 안내받지 못하고 있어. 물류창고에서 자신의 상품이 언제 검수되는지 모르기 때문에 고객센터에는 '제가 반품한 물건이 물류센터로 입고되었나요?'라는 문의가 전체 문의 건 중에서 40%를 차지해

4 그럼, 지금 우리가 해결할 수 있는 것은 무엇일까?

세일 때는 미리 홈페이지에 안내문을 띄어두는 것이 좋을 것 같아. 세일 기간에는 비세일 기간 대비 환불이 10일 이상 지연될 수 있다고 말이지.

5 하지만 이건 영업적으로 리스크가 있어 보여. 고객들의 구매 의욕 자체를 떨어뜨릴 것 같아. 다른 방법은 없을까?

환불 신청한 상품이 물류창고로 입고되었을 때, 입고 알림 문자를 보내주는 건 어떨까? 보통 입고 후 3~4일 이내에 환불이 완료되니까 이것만 해줘도 고객들의 문의가 최소화될 수 있을 것 같아. 인력 충원까지 된다면 근원적인 문제가 해결될 테고.

6  그러면 알림 문자 발송 개발을 진행해야 하는데, 우리의 개발요청 건이 시급하다는 것을 어떻게 알릴 수 있을까?

전체 환불 신청 건수 중 환불을 신청한 시점과 환불이 완료된 시점 간의 차이가 5일 이상 되는 것들의 비율이 얼마나 되는지 보여주면 될 것 같아. 다른 동종업계나 물류사의 평균적인 환불 처리기간을 확인해 보고, 고객센터로 들어온 문의 건 중 환불 지연으로 인한 문의 비중이 얼마나 높은지 알려주면 문제의 심각성을 알 수 있을 거야.


이 사례에서 최초 질문인 '환불이 왜 늦어질까?'에 대한 원인으로 '반품이 늘어나 처리가 늦어지고, 이로 인해 고객들이 기다리는 시간이 지연된다'는 의견이 나왔다. 이후 자연스럽게 반품이 물류센터에 입고될 때 '자동 알림 문자 발송 기능 추가'라는 해결방안이 나왔다. 물론 기획자라면 이렇게 도출된 해결책에 대해 한 번 더 검증과 협의를 거치는 과정이 필요하다. 개발에 들어가는 인력과 기간, 이를 통해 정말 고객의 불만사항이 줄어들 수 있는지 가설을 설정하고, 이를 입증하는데 필요한 데이터는 어떤 것들이 있는지, 더 나은 사용자 경험을 제공할 수 있는지 등을 통해 '기다림'만 해결해 주면 정말 고객들의 불만을 줄일 수 있는지 확인해야 한다. 즉, 해결책의 실효성을 따지기 위해서는 '인풋 대비 아웃풋'의 가치가 얼마나 더 큰지 기획자가 스스로 검증할 수 있는

데이터 항목을 짚어내고, 이를 바탕으로 지속적으로 관리할 수 있는 지표를 만들어 사내에 정착시킬 수 있는지 영향도를 파악해야 한다는 뜻이다.

서비스 기획자에게 이러한 '5WHY 문제해결 기법'은 고객의 사고과정을 다시 거슬러 올라갈 수 있는 기회를 제공하기 때문에 서비스(제품)를 함께 만들어 가는 개발자와 디자이너 등을 설득하는데 좋은 도구가 될 것이다.

# 3

# 기획력을 기르는 가장 쉬운 방법

이처럼 불필요한 공수를 줄이고 성공하는 기획의 확률을 높이기 위해서는 평소 '기획력'을 잘 길러두어야 한다. 기획력이란 구조적 사고(Structured Thinking, 아직 형태가 없는 큰 문제에 대해 문제해결 프레임을 씌우는 과정)를 기르고 생각을 정리하는 힘을 말한다. 쉽게 말해 복잡한 문제를 쉽게 정의 내리고 핵심원인을 진단해 문제를 해결하는 능력이라고 할 수 있다.

그래서 제안하고 싶은 방법이 바로 앞에서 설명한 '5WHY의 생활화'이다. 아무도 궁금증을 제기하지 않았던 현재의 상태에 대해 문제를 제기하고, 현재 도입된 정책이나 서비스 기능, 사회 현상이 왜 그렇게 되었는지에 대한 원리를 탐구해 나가는 과정이 일상처럼 자리잡고 있어야 한다.

## 5WHY의 생활화 연습

1 고객 만족도 평가에서 우리는 별점만 받고 있는데, 그 이유는 무엇일까?

**답변**　　만족도 문항을 늘리면 오히려 고객이 답변을 회피하기 때문이야. 그래서 문항 하나만 받고 있어.

**연결 질문**  그러면 상담사들이 고객 만족도 평가를 기반으로 실적평가를 받을 때 불이익은 없을까?

**답변**  그렇기는 한데 고객 만족도 평가점수를 상담사 실적평가에서 제외할 수는 없어. 상담 품질에 대한 평가도 회사 입장에서는 중요하거든.

**연결 질문**  하지만 상담 만족도는 상담사의 상담 품질뿐만 아니라 전체적인 서비스 경험 과정에서 발생된 불만도 같이 반영하지 않을까?

**답변**  그건 그래.

**연결 질문**  그럼에도 불구하고 한 가지 문항으로 답변을 받아야 한다면 '가장 만족스러운 상담 부분'이라는 새 메뉴를 만들어 키워드를 미리 제공한 후 선택하게 하면 어떨까? 이렇게 한다면 서비스 만족도 평가를 받으면서 상담사들에 대한 만족도는 별도로 확인할 수 있지 않을까?

## 2 카카오의 '브런치'는 왜 수익모델을 따로 두지 않는 걸까?

**답변**  브런치는 글 쓰는 사람에게 최적화된 환경을 제공하기 위해 네이버와 같은 별도의 레이아웃 꾸미기도 제공하지 않고 있어. 브런치는 돈을 만드는 서비스가 아니라 콘텐츠 생산의 생태계를 만들어 가는데 더 목표가 있는 거 같아.

**연결 질문**  그래 이해해. 하지만 브런치도 엄연히 서비스 기획자와 관리자, 운영자들이 있을 텐데, 글 쓰는 사람의 환경을 해치지 않고 비즈니스 모델을 만들어 낼 수는 없을까?

**재문의**  왜 그런 비즈니스 모델이 브런치에 필요하다고 생각해? 만약 생긴다면 어떤 게 있을까?

**연결 답변** 일단 서비스는 태생적으로 유저를 모으는 것과 함께 결국 돈을 벌 수 있느냐의 목표를 가지고 있으니까. 그리고 기업이 지속가능하기 위해서는 당연히 수익모델이 필요하지. 다만 브런치는 짧은 콘텐츠가 성행하는 요즘 시대에 '긴글' 콘텐츠가 먹힐 수 있다는 가능성을 보여준 첫 번째 매체지. 그렇다면 차라리 책을 발간하거나 전자책을 발간하도록 돕는 건 어떨까? 이 경우 창작자의 글 쓰는 환경을 해치지 않으면서 그들의 창작 의도가 고스란히 잘 전달될 수 있는 2차 가공물이 만들어지면서 창작자에게 새로운 동기부여가 될 수 있을 것 같아.

이처럼 답이 없는 질문을 계속 던지면서 열린 결말을 끊임없이 이어가다 보면 생각의 지평을 넓히는 작업이 기획의 단초를 제공하는 씨앗이 된다. 그리고 이것은 비즈니스 기획의 핵심이 되는 '가설 설정'과 맞닿은 부분이기도 하다.

# 서비스 기획 vs 비즈니스 기획

# 비즈니스 기획에 대한 이해가 먼저다

## 비즈니스 기획

기획의 중요성을 이해하긴 했지만, 여전히 풀리지 않는 의문이 있다. 어느 강의나 서비스 기획과 관련된 콘텐츠를 보면 하나 같이 '비즈니스 기획에 대한 이해 없이는 좋은 서비스를 만드는 것이 어렵다'고 말한다. 그렇다면 비즈니스 기획이 무엇인지부터 먼저 알아보자.

비즈니스 기획이란 소비자에게 어떤 가치를 제공할지 결정하고, 가치 제공의 대가로 얻는 수익을 통해 더 큰 가치를 고객에게 제공할 수 있는 비즈니스 모델을 만드는 것을 말한다. 즉, 고객의 문제와 니즈를 해결할 수 있는 핵심가치가 무엇인지 고민하고, 실제 제품 및 서비스로 구현될 수 있는지에 대한 가능성을 검토하는 과정이다. 이러한 비즈니스 기획의 세부활동에는 경쟁사 조사, 타깃 분석, 수익모델 수립 등이 포함된다.

모든 비즈니스 기획은 공통적인 질문을 해결해야 한다. 바로 '어떤 시스템을 만들어야 고객에게 선택받을 수 있고 살아남을 수 있을까'라는 질문이다. 좋은 직원을 채용하고 거액의 비용을 들여 투자를 했지만,

운영비용이 너무 많이 들거나 고객들이 외면한다면 그것은 잘못된 비즈니스 기획이란 평가를 받을 수 있다.

일례로 30년 전에 첫선을 보였던 TV홈쇼핑은 오프라인 중심의 유통산업에 파란을 일으켰지만 지금은 모바일과 라이브 커머스에 밀려 '전통 비즈니스'로 분류되고 있다. 그리고 병원과 약국은 코로나 팬데믹을 맞아 비대면 진료 비즈니스 모델 앞에 어떠한 상생관계를 가져가야 할지 고민하고 있고, 동네 세탁소가 익숙했던 우리는 어느덧 비대면 세탁 플랫폼을 활용하며 '빨래는 모레 새벽에 받는 것'에 익숙해지고 있다. 이처럼 기업들은 새로운 기술 또는 핵심가치를 활용해 고객의 사랑을 꾸준히 받을 수 있는 지속가능한 사업으로 만들기 위해 시대에 부합한 비즈니스 기획을 요구받고 있다.


## 서비스 기획자가
## 비즈니스 기획을 알아야 하는 이유

서비스 기획자는 앞에서 이야기한 비즈니스 기획을 바탕으로 생산될 서비스(제품)를 기획하는 업무를 맡게 된다. 비즈니스 기획에서 정해진 기업전략과 수익모델을 바탕으로 주된 사용자 층이 될 메인 타깃의 고민을 면밀히 찾아가는 과정을 수행하는 것이다. 미래에 제공될 서비스와 다르게 기존 서비스에서는 어떤 불편함이 있었는지, 어떤 과정으로 서비스를 사용하고 있었는지 분석한다. 이를 통해 기존보다 나은 서비스를 제공하거나 전혀 다른 신개념의 앱/웹 등 IT 기술이 적용된 시스템을 만드는 역할을 서비스 기획 업무에서 하는 것이다. 따라서 비즈니스 기획을 통해 기업이 나아갈 방향(HOW)을 정했다면, 서비스 기획은 그 실체(WHAT)를 설계하는 역할을 담당한다고 보면 된다.

　이것을 가장 잘 보여주는 사례가 구글이다. 2006년 구글이 2조 원을 들여 인수한 유튜브는 뚜렷한 수익모델이 없었다. 하지만 CEO를 포함한 전략 기획 담당자들이 집중해서 본 것은 '세계 최대 온라인 동영상 공유 플랫폼'이라는 확장성이었다. 최대한 다양한 사람들이 사용할 수 있는 메가 플랫폼으로 커나가는 것이 관건이었기 때문에 서비스 개발 원칙은 '사용자의 영상 시청을 방해하지 않는 플랫폼'으로 잡았다. 이를 위해 언어장벽을 없앨 수 있는 자동 번역 기능, 고화질 HD 동영상 서비스 제공, 저작권 침해 시 영상 중단 등 영상 소비자와 제작자 모두를 사로잡기 위한 기능 개발에 집중했다. 유튜브의 성공은 이처럼 서비스 기획자가 비즈니스 기획의 목표와 방향, 시장 내 차별화전략을 바탕으로 사용자 관점에서 서비스를 설계했기 때문에 얻을 수 있었던 결과라고 볼 수 있다. 바꿔 말해 서비스 기획에서는 비즈니스적인 이해와 사용자 UX에 대한 분석, 자사가 그러한 고객 니즈를 해결할 수 있는 IT 역량을 갖추고 있는지 등의 3박자가 고루 맞아떨어져야 한다는 뜻이다.

# 2

# 실제 사례로 이해하는 비즈니스 기획의 필수요소

비즈니스 기획자와 서비스 기획자는 실전에서 어떻게 협업을 하고 있을까? 두 회사의 사례를 통해 알아보자.

## 신선식품 스타트업 '정육각'

첫 번째 사례는 '초신선'을 내세우는 온라인 유통 스타트업 '정육각'이다. 돼지고기로 시작한 정육각은 최근 소고기와 유제품 등 다양한 식품으로 상품군을 넓혀가고 있는데, 2회 이상 주문한 고객의 30일 이내 재구매율이 70%, 6개월 내 재구매율이 90%(일반 이커머스 기업은 평균 50%)일 정도로 좋은 시장 반응을 얻고 있다(2022년 2월 기준).

정육각은 어떻게 이런 성과를 얻을 수 있었을까? 이를 알기 위해서는 비즈니스 기획의 첫 번째인 기업의 비즈니스 모델이 탄생하게 된 대전제가 무엇인지 유추해 봐야 한다. '어떻게 하면 소비자가 가장 좋은 고기를 맛있게 먹을 수 있을까?'라고 말이다.

보통 고기의 맛을 결정하는 데에는 품종, 유통과정, 신선도, 숙성 정

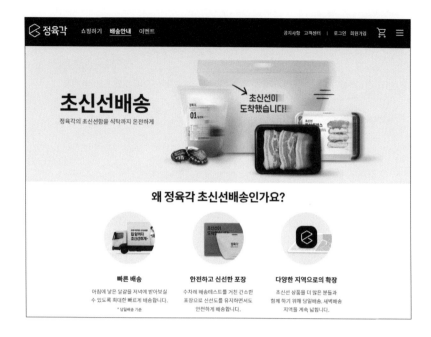

등의 다양한 요소가 있다. 하지만 정육각은 맛있는 고기의 조건을 '신선
도'로 한정했고, 신선하고 맛있는 돼지고기란 '도축한 지 1~4일 되는 고
기'라고 재정의했다.

'문제원인'은 크게 2가지에서 찾을 수 있었다. 먼저 농장 → 도축 →
가공 → 세절 → 도매 → 소매 → 소비자의 7단계로 이루어지는 너무 긴
유통과정이 신선한 육류의 배송을 가로막는 주요 원인이었다. 또 하나
의 원인은 수요예측을 하기 어려워 적정량을 언제 도축해야 할지 모른
다는 것이었다.

정육각은 이를 해결하기 위한 '해결책'으로 2가지 대안을 제시했다. 7
단계로 이뤄지는 유통과정을 3단계로 줄이고, 수요예측이 가능한 AI 기
술을 도입해 고깃값이 저렴할 때 구매해 재고로 보관하는 방법을 대안

**'신선함'이라는 핵심가치를 서비스의 기능으로 잘 풀어낸 정육각**

| 비즈니스 미션 | 고객에게 가장 신선한 (초신선) 상태의 고기를 맛볼 수 있도록 하자 | | |
|---|---|---|---|
| 비즈니스 전략 | 도축 후 4일 이내 배송 | (돼지)고기의 두께도 소비자가 직접 선택 | 주문 후 고기 썰기 |

| 서비스 기획 전략 | 회원 가입 전 배송지 입력 | 주문 시 3개의 두께 선택 옵션 제공 | 무통장 결제 시 무게 측정 후 결제 진행 |
|---|---|---|---|

으로 제시했다.

정리하면 대전제 확인 → 문제현상 → 문제원인 → 해결책(방안) → 차별점으로 비즈니스 기획의 과정을 살펴볼 수 있다. 여기서 서비스 기획자가 1원칙으로 삼아야 할 서비스 포인트는 '신선'일 것이다.

비즈니스 기획을 명확하게 이해한 서비스 기획자는 메인 페이지에서 '배송지'를 사용자가 바로 입력해 배송받을 예상일자를 직관적으로 파악하게 하였고, 정육점에서 바로 배송되는 듯한 분위기를 연출하기 위해 두께를 선택할 수 있도록 했으며, 무게 측정 후 바로 결제를 진행할 수 있도록 신선페이를 기획해 '초신선'이라는 브랜드의 핵심가치를 사용자에게 전달하고 있다.

## 세탁배송 전문 스타트업 '세탁특공대'

두 번째 사례는 모바일을 이용해 세탁시장을 혁신하고 있는 세탁 스타트업 '세탁특공대'이다. 2015년 시작한 세탁특공대는 동네 세탁소 중심의 기존 세탁 서비스 대신 소비자 중심의 세탁 서비스를 제공하는 것을 목표로 하고 있다. 동네 세탁소의 가격과 시간, 품질, 서비스는 물론 현금 결제만 가능한 일부 업소의 문제점을 끊임없이 해결한 결과 가입자 수 53만 명 기록(2021년 기준), 코로나 팬데믹 기간 중 가입자 수 2배 증가라는 영업 성과를 거두기도 했다.

이처럼 성공적인 성과의 배경에는 세탁특공대가 고민한 고객의 '진짜 문제'에 있다. 세탁특공대를 경험하지 못한 고객들은 동네 세탁소가 있는데 왜 모바일 세탁서비스를 이용해야 하는지에 대한 의문과 함께,

동네 세탁소와 가정에서 하는 세탁보다 세탁특공대가 더 나은 세탁 품질을 제공하는지에 대해 아직 이해하지 못하고 있었다.

세탁특공대는 즉각 비즈니스 미션을 '고객이 세탁 노동에 들이는 시간과 공간을 가치 있게 만들자'라는 개념을 도입했다. 세탁 품질을 높일 수 있도록 직영공장을 설립하고, 자체 물류 인프라 구축을 통해 세탁물 접수부터 배송까지 직접 관리했다. 아울러 가격 정찰제를 실시해 '안심할 수 있는 세탁 서비스' 이미지 형성에 만전을 기했다.

이러한 주요 비즈니스 전략을 바탕으로 서비스 기획자는 서비스의 WHY 포인트를 앱 기능으로 녹이고자 했다. 먼저 기획자는 앱을 접속하면 세탁 공장의 공정 과정을 바로 영상으로 볼 수 있도록 노출시켰다. 이를 통해 고객이 '세탁물도 이렇게 시스템화될 수 있구나'라는 것을 간접체험하도록 한 것이다. 또한 동네 세탁소 사장님들과 대화를 하는 친근한 분위기를 연출하기 위해 채팅 형태의 세탁물 수거 접수 프로세스

비대면 세탁 서비스를 고객에게 전달하기 위해 여러 기능을 연구하는 세탁특공대

| 비즈니스 미션 | 고객이 세탁 노동에 들이는 시간과 공간을 가치 있게 만들자 | | |
|---|---|---|---|
| 비즈니스 전략 | 체계적인 세탁 시스템화를 위한 직영공장 설립 | 세탁물 접수부터 배송까지 직접 관리 | 동네 세탁소와 달리 가격 정찰제 시행 |

| 서비스 기획 전략 | 앱 접속 시, 세탁 공정 과정을 영상으로 노출 | 채팅 형태의 세탁물 수거 신청 방식 | 사용자 후기를 메인 홈에 노출 |
|---|---|---|---|

를 도입했다. 또한 사용자 후기를 메인 홈 영역에 노출시켜 '쓸만한 서비스'라는 것을 직접적으로 드러냈다.

이처럼 같은 비즈니스 전략 포인트를 가지고도 서비스가 다양한 경로로 기획될 수 있다는 것을 알 수 있다. 따라서 서비스 기획자는 비즈니스 기획의 핵심 내용을 빠르게 인지한 후 고객이 느끼는 핵심가치를 최대화할 수 있도록 서비스 기획의 전략을 구사할 필요가 있다.

# 서비스 기획 vs 마케팅 기획

# 마케팅 기획과 서비스 기획의 차이

직무 특강을 하다 보면 가장 많이 받는 질문 중 하나가 마케팅 기획과 서비스 기획의 차이를 묻는 내용이다.

"강사님. 마케팅도 데이터가 중요하고, 고객의 니즈를 분석하는 것이 중요하고, 제품(서비스)에 대해 누구보다 잘 알고 있어야 하며, 고객이 어떤 VoC를 접수하는지 알아야 합니다. 심지어 돈을 벌기 위한 활동인 것조차 서비스 기획의 궁극적 목표와 닮았어요. 마케팅 기획도 서비스 기획과 같은 활동을 하고 있는 거 아닌가요?"

실무를 조금이라도 해본 사람들은 알겠지만, 막상 서비스 기획과 마케팅의 차이를 명확하게 개념화하라고 하면 설명하기가 쉽지 않다.

## 고객을 사랑하지만 표현방식이 다르다

'마케팅은 소비자의 가치를 창출·전달하기 위한 모든 활동이다.'
우리가 익히 책에서 봐온 마케팅의 정의지만 마케팅의 종류는 생각보다 다양하다. 디지털 영역에서 소비자의 행동을 추적하여 맞춤 타깃팅 광고를 운영해 성과측정 중심의 마케팅 활동을 하는 퍼포먼스 마케팅, 브랜드만이 가지고 있는 고유 특성 및 지향점을 개발하고 다양한 콘텐츠와 디자인을 제안하는 브랜드 마케팅, 그 외 PR과 광고 등 마케팅의 유형과 방법만 수십 가지다.

이때 모든 마케팅이 가지고 있는 공통점은 소비자의 니즈를 찾아 적절한 솔루션을 제공하고 자신의 기업과 고객에게 맞는 채널을 활용한다는 것에 있다. 그리고 이러한 활동은 서비스 기획도 크게 다르지 않다. 고객의 문제를 규명하고 이를 해결하기 위해 적절한 IT 기술을 활용해 고객의 삶을 개선할 수 있는 실질적인 제품 및 서비스를 만들어 내기 때문이다.

여전히 헷갈릴 수 있는 독자들을 위해 비즈니스 기획과 마케팅 기획, 그리고 서비스 기획의 차이점을 한 번 더 비교해 보고자 한다.


### 공통 전제 : '소비자가 진짜 원하는 것이 뭐야?'


비즈니스 기획과 마케팅 기획, 서비스 기획 모두 짝사랑을 하는 것처럼 일편단심 고객 하나만을 바라보고 있다는 것은 쉽게 확인할 수 있다. 다만 이것을 해결하기 위한 각자의 해결책은 다르다.

비즈니스 기획은 고객의 문제를 해결하고 원하는 것을 지속적으로 제공할 수 있는 '비즈니스 모델'을 만들고 계속해서 발전시켜 나간다. 마케팅 기획은 마케팅의 4가지 주요 활동요소(4P)인 제품(Product), 가격(Price), 장소(Place), 판촉(Promotion)을 바탕으로 액션플랜을 정한다. 그

| 비즈니스 기획 | 마케팅 기획 | 서비스 기획 |
| --- | --- | --- |
| 비즈니스(수익) 모델을 구축하고 비즈니스를 운영하기 위한 목적 | 고객에게 필요한 제품 및 브랜드의 메시지를 최적의 채널에 배포하는 전략 | IT 기술을 활용해 고객의 문제를 직접 해결할 수 있는 앱/웹 등의 서비스를 제공하기 위한 기획 |
| **[경영학도에게 가장 특화된 비즈니스 기획]**<br>시장조사, SWOT 분석, 3C분석 등 기업이 사업을 영위하기 위한 내·외부적 요인을 분석하고 경쟁사와 다른 '차별화 전략'을 구사하기 위한 핵심전략안을 도출함<br>(ex. 배달의 민족 '배달 비즈니스 모델' 수립) | **[디지털 마케팅 시대에서의 핵심은 결국 채널]**<br>마케팅의 4요소인 제품, 가격, 장소, 판촉을 결정하는 것은 물론 자사의 제품 및 브랜드를 필요로 하는 고객군을 발굴해 이들이 이용하는 주된 채널에 적합한 '콘텐츠'를 공급하기 위한 전략 설계를 하는 것<br>(ex. 배민 신춘문예, 배민 치믈리에 등) | **[우리가 생각하는 서비스 기획의 범위는 넓다]**<br>우리가 주로 쓰는 웹사이트, 모바일 애플리케이션뿐만 아니라 은행 공동전산망, 알바할 때 자주 보는 POS기, AI 스피커 등 유·무형의 형태로 우리 삶에 밀접하게 녹아 들어 있는 (IT) 서비스 |

리고 서비스 기획은 IT 기술을 활용해 앱/웹 등 고객이 직접 일상에서 접할 수 있는 서비스를 만든다.

이때 마케팅 기획과 서비스 기획의 가장 큰 차이는 '고객의 문제를 직접적으로 해결할 수 있는가'의 여부다. 마케팅은 일반적으로 이미 출시된 제품 및 서비스를 대상으로 마케팅 활동을 벌인다. 물론 마케터가 제품 개발 단계에 참여하거나 아예 개발의 주체가 되는 사례도 종종 볼 수 있지만, 대부분의 마케터는 출시된 제품을 가지고 고객과의 커뮤니케이션을 담당하는 역할을 한다. 반면 서비스 기획자는 문제의 대안이 되는 서비스를 만드는 직접적인 주체가 된다. 개발자와 디자이너가 함께 있어야 하지만 결국 서비스의 기초 설계를 담당하고, 서비스의 초기 컨셉을 정한다. 때문에 마케터가 커뮤니케이터(Communicator)라고 한다면, 서비스 기획자는 메이커(Maker) 또는 오너(Owner)라고 할 수 있다.

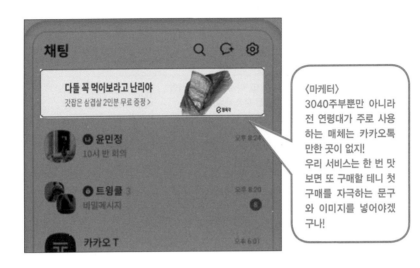

위의 그림은 앞에서 사례로 들었던 정육각 서비스의 광고 화면이다. 정육각의 마케터는 자사 제품의 주 타깃고객을 유입시키기 위해 카카오톡이란 매체를 선택했다. 이때 기존 3040의 주부 타깃에서 연령층을 더 확대시키기 위해 초기 가입을 유도하기 위한 문구와 이벤트 내용을 배너에 노출해 클릭을 유도하는 광고 집행을 했다.

# '요즘 마케팅'과 서비스 기획의 공통점

## 그로스 해킹 시대의 시작

최근에는 마케팅과 서비스 기획이 점점 영역을 같이하고 있다. 고객과 기업이 만날 수 있는 온·오프라인의 접점 채널이 늘어나고, 채널이 늘어나는 길목에는 각종 서비스와 광고판이 동시에 등장한다. 마케팅과 서비스 기획 영역 모두 고객이 서비스까지 오게 되는 과정과 서비스 인입 후 어떤 구매활동을 하는지 등 고객의 구매여정 지도를 면밀히 살펴보는 것이 필요해졌다는 뜻이다.

구매여정이란 고객이 서비스(제품)와 어떤 접점을 가지고, 어떤 매력을 느끼는지, 그 결과 목표(구매, 콘텐츠 구독 등 한 서비스 내에서 수익과 연결되는 고객의 최종행동)로 이어지는 일련의 행동과정을 뜻한다. 따라서 사용자를 모으기 위해서는 구매여정의 단계 중 어떤 매체를 통해 가장 많은 고객이 들어왔는지, 어떤 마케팅 캠페인을 통해 들어왔는지, 구매전환비율이 높은 채널은 어디인지 등을 데이터를 통해 자세히 살펴보는 것이 필요하다. 즉, 제품과 서비스를 성장시키기 위해 구매여정의 데이터를 분석하고 최소한의 비용으로 최대의 마케팅 효과를 목적으로 하는 전략 활동이 필요한데, 이를 '그로스 해킹'이라고 한다.

그로스 해킹 시대의 개막은 예전에 볼 수 없었던 고객의 흔적과 행동을 데이터로 추적할 수 있다는 것을 의미한다. 즉, 작은 SNS 마케팅 하나가 고객에게 어떤 영향을 줄 수 있다는 것은 성장을 위한 실험과 개선을 반복하기가 수월해졌다는 것을 뜻한다.

때문에 단순히 4P 중심의 마케팅 믹스만 고려했던 전통 마케팅과 달리, 타깃 세그먼트 고객군을 면밀히 나누어 맞춤형 마케팅 전략을 구사하는 '요즘 마케팅'은 서비스 기획과 닮은 점이 많다. 고객을 모집하고, 우리 서비스의 회원으로 가입시키고, 서비스를 이탈하지 않고 최대한 많은 구매를 이끌어 낼 수 있는 프로모션과 서비스 구성이 최종의 비즈니스 목표와 직결된다.

## AARRR을 활용한 마케팅과
## 서비스 기획의 협업

이렇게 그로스 해킹 시대를 맞아 마케팅과 서비스 기획은 해적지표 (AARRR)를 통해 데이터 중심의 의사결정을 할 수 있게 되었다. 미국의 스타트업 엑셀러레이터인 데이브 맥클루어가 주장한 AARRR은 추상적인 고객여정을 다섯 단계로 구분해 Acquisition(획득), Activation(활성화), Retention(유지), Revenue(수익), Referral(추천)의 앞글자를 따서 이름 붙인 것이다.

AARRR은 사용자의 서비스 이용 흐름에 따라 주요 지표를 관리하는

지표관리 방법론으로, 잠재고객을 우리의 서비스로 들어오게 하는 것부터 구매(또는 콘텐츠 소비 등)를 종료하고 우리의 서비스를 떠나는 일련의 과정을 '퍼널'로 구분한다. 그리고 이 퍼널은 5단계에 맞춰 각 단계마다 핵심이 되는 목표지표를 설정하고, 이에 따른 마케팅 플랜과 서비스기획의 실험들을 하게 된다.

가령 AARRR 지표를 통해 현재 취약한 점이 재구매율(Retention)이 떨어지는 것이라고 가정해 보자. 이 경우 마케터는 '한 달 무료 이용' '할인 쿠폰 발행' 및 '재방문이 필요한 고객군에게 별도의 프로모션 알림톡 발

**AARRR 프레임워크의 5단계[1]**

| | |
|---|---|
| Acquisition<br>처음 방문 (고객획득) | • 잠재고객을 찾고 우리 서비스·제품으로 데려오기 위한 모든 행동<br>• 어떤 마케팅 캠페인을 통해, 어떤 채널을 통해 유입되었는지 등을 확인 |
| Activation<br>회원가입 (활성화) | • 고객획득 과정을 통해 데려온 고객이 서비스·제품의 주요 기능을 처음 사용하게 되는 순간<br>• 첫 구매를 유도하는 과정으로, 서비스·제품이 제공하려는 가치가 충분히 전달되었는지 확인 |
| Retention<br>첫 구매 또는 반복 구매 (유지) | • 고객이 제품을 재구매 또는 서비스를 꾸준히 이용<br>• 서비스의 만족도를 추정할 수 있으며 지표보다 실제 사용자 경험에 초점을 맞춰야 함 |
| Revenue<br>수익 | • 어떤 고객군이 매출에 많은 기여를 하는지, 매출과 직·간접적인 지표들을 확인함<br>• 관심고객과 잠재고객의 구매를 유도하고 구매고객을 충성고객으로 전환하는 전략 필요 |
| Referral<br>추천 | • SNS나 커뮤니티 활동을 통한 바이럴 또는 기존 사용자의 추천을 통해 신규 사용자가 유입되는 경우<br>• SNS 상에서 공유된 횟수, 사용자 언급 댓글 수 등을 통해 확인 |

송' 등의 마케팅 캠페인을 기획할 수 있다. 반면 서비스 기획자는 재구매율의 하락에 영향을 주는 세부 고객군을 확인하고, 그들의 서비스 체류시간, 특정화면별 이탈률 등을 확인하여 기능적으로 고객에게 문제를 제공하고 있는 곳은 없는지 개선을 진행할 수 있다.

이렇게 비슷한 듯 다른 듯 헛갈리는 마케팅과 서비스 기획의 상관관계는 다음의 그림처럼 그려 볼 수 있다. 먼저 서비스 기획자는 문제정의를 통해 고객지향형 서비스를 만들고, 마케팅 담당자는 출시된 서비스를 토대로 사용자를 유입할 수 있는 다양한 마케팅 캠페인(이벤트, 프로모션, 광고, SNS 콘텐츠 등)을 기획 및 집행하게 된다. 이때 타깃 고객이 주로 이용하는 채널을 공략해 서비스를 이용하는 핵심유저를 모객하는데 초점을 맞추게 된다.

이후 마케터와 기획자는 고객을 자사의 고객으로 전환시키고 끊임없는 재방문 및 재구매, 비즈니스 모델이 목표로 하는 수익과 연관된 고객의 활동을 이끌어 내어 굳이 많은 마케팅비용을 들이지 않더라도 고객유입이 될 수 있는 바이럴(Referal) 구조를 함께 만들어 가야 한다.

### 서비스가 만들어지고 마케팅되는 과정

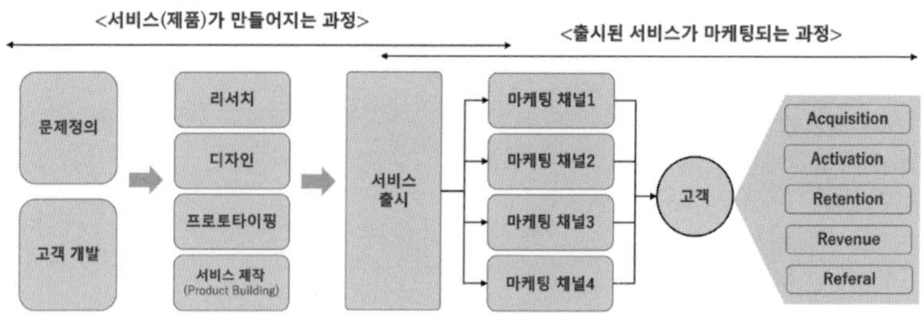

<서비스(제품)가 만들어지는 과정>    <출시된 서비스가 마케팅되는 과정>

| 문제정의 | 리서치 |
| 고객 개발 | 디자인 |
| | 프로토타이핑 |
| | 서비스 제작 (Product Building) |

서비스 출시 → 마케팅 채널1, 마케팅 채널2, 마케팅 채널3, 마케팅 채널4 → 고객 → Acquisition / Activation / Retention / Revenue / Referal

## 3

# 그래서 마케팅과 서비스 기획, 무엇이 다른가요?

그럼, 다시 멘티의 질문에 대해 답을 정리해 보자.

"강사님. 마케팅도 데이터가 중요하고, 고객의 니즈를 분석하는 것이 중요하고, 제품(서비스)에 대해 누구보다 잘 알고 있어야 하며, 고객이 어떤 VoC를 접수하는지 알아야 합니다. 심지어 돈을 벌기 위한 활동인 것조차 서비스 기획의 궁극적 목표와 닮았어요. 마케팅 기획도 서비스 기획과 같은 활동을 하고 있는 거 아닌가요?"

## 같은 점 : 고객분석과 문제정의, 데이터 기반의 의사결정

마케팅과 서비스 기획 모두 시작은 같다. 초기 기업이라면 내가 사업을 영위하고 싶은 고객과 사회문제를 어떻게 정의 내릴 것인지를 이해하는 것이다. 기성 기업이라면 우리 제품을 정확히 이해한 후 사용자들이 어떤 부분에서 불편함을 느끼고 있는지 객관적인 지표로 확인해야한다. 또한 시장조사를 통해 경쟁사 대비 어떤 부분에서 차별화된 가치를 제공하고, 제품의 철학과 메시지를 전달할 것인지 함께 고민하게 된다. 동시에 각 퍼널의 목표를 달성하기 위해 마케터와 서비스 기획자는 각자 직무에 해당하는 핵심지표를 설정한다. 이를 바탕으로 액션 리스트와 개선사항을 추출해 서비스 규모 확대를 위한 공동의 목표를 수행한다.

## 다른 점 : 해결책을 대하는 방식

마케팅이 회사의 제품과 서비스가 추구하는 가치를 느낄 수 있는 콘텐츠를 제작해 타깃 고객이 몰려 있는 채널에 배포하는 역할을 한다면, 서비스 기획은 고객의 불편한 점을 찾아 즉각적으로 서비스를 개선하거나 신규 기능을 추가해 더 나은 사용자 환경을 만드는 데 주력한다.

가령 뱅크샐러드는 스크래핑 기술(은행·카드사의 정보를 긁어와 하나의 앱에서 보여주는 기술)을 활용해 '내게 맞는 금융상품 추천에 재미까지'라는 슬로건을 내걸고 있다. 여기서 마케터라면 금융 서비스를 이용하는 고객의 유형을 세분화(직장인, 대학생, 신혼부부 등)하여 고객 상황별 마케팅 메시지를 도출해 채널별로 각기 다른 광고 콘텐츠를 만드는 데 주력해야 한다. 반면 서비스 기획자라면 평소 무수히 많은 금융 앱을 일일이 다운받았던 고객들의 불편함을 개선하기 위해 '어떻게 한 번에 보여줄 것인가'에 대한 UX/UI, 로그인 방식, 조회화면 설계 등의 작업을 해야 한다.

**4**

# 기획자가 알아야 하는
# 최소한의 개발지식

# 기획자는 설계도를 그리는 사람이다

## 서비스 기획자와 개발

그럼 이제 본격적으로 서비스 기획자가 구체적으로 어떤 일을 하는지 알아보자. 기획의 개념에서 살펴본 내용에 따르면 서비스 기획자는 '비즈니스 기획'을 잘 알아야 하고, 데이터에 기반한 의사결정을 하기 위해 'AARRR'과 같은 지표도 알아야 하는 그런 만능 캐릭터를 말하는 걸까? 우선은 그렇다. 서비스 기획자는 전략기획(시장분석, 경쟁사분석, 자사분석)을 통해 도출된 비즈니스의 방향을 토대로 설정된 '고객'을 심층분석하는 사람이다.

기획자의 첫 번째 미션은 고객의 니즈를 분석해 가장 사용하기 좋은 서비스를 구축하는 것이다. 물론 기획자 혼자서는 서비스를 만들 수 없다. 디자인을 할 수도, 개발을 할 수도 없기 때문이다. 예를 들어 집을 짓는 것에 비유할 때 벽지 컬러, 조명, 바닥재 등의 인테리어는 디자이너가, 집의 구조와 건축 기술에 관한 부분은 개발자가 담당한다면, 기획자는 거주자가 가장 편하고 오랫동안 머무를 수 있는 집을 설계하는 역할이다. 한마디로 입구에서부터 집안 한 바퀴를 돌고 나오는 전체 과정을 하나의 스토리로 묶어 마치 사진 한 장 한 장을 기록하는 포토북을 만드는 것이다. 이때 기획자가 서비스 개발을 위해 다양한 변수를 고려해 화면을 구성하고, 각 화면의 동작과 전환을 확인하는 동시에 서비스의 정책요소 등을 포함하는 문서를 '스토리보드'라고 한다. 스토리보드는 디자이너와 개발자가 참고하는 최종 문서로, 이게 없으면 업무 자체가 불가능하다. 이처럼 비즈니스 전략을 현실화하는 역할을 담당하게 되기 때문에 기획자는 멀티 플레이어가 되어야 한다.

이때 멀티 플레이어 기획자가 되는 첫걸음은 개발을 이해하는 것이다. 전문 요리사가 재료의 보관방법과 숙성, 손질방법을 모른 채 좋은 음식을 만들기 힘든 것과 같은 이치다. 물론 개발자에 준하는 지식을 갖출 필요는 없지만, 최소한 내가 만드는 앱/웹 등의 서비스가 제공되는 개발환경의 이해는 필요하다. 내가 작성한 기획서의 요구사항들이 어떤 개발과정을 거치고 다른 서비스에 어떤 영향을 끼치는지 미리 파악

IT 서비스의 밸류체인

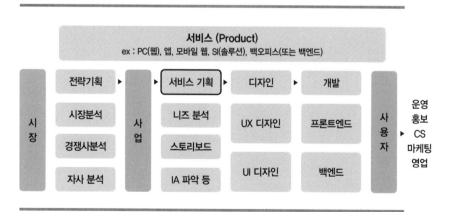

(출처 : '기획자 데이먼' 유튜브)

하고 있어야 하고, 개발자가 개발하기 어렵다고 말한다면 다른 대안을 제시할 수 있도록 미리 준비하고 있어야 한다.

다음은 내가 입사 초기 챗봇 기획업무를 맡으며 개발자와 나누었던 대화 내용이다. 회사를 대표하는 챗봇 서비스를 만든다는 생각에 타사 사례조사, 시나리오 설계서(플로우차트), 메뉴 구성(정보구조도), 메시지 문구, 링크 및 버튼 배치 등을 철저히 준비해 회의에 들어갔다. 하지만 개발자가 강조했던 포인트는 달랐고, 개발지식이 없었던 나는 대화의 상당부분을 이해하기 어려웠다.

> "원하시는 챗봇 기능의 조건들은 이해했습니다. 다만 백오피스에서 챗봇 서비스를 운영하고 관리하기 위한 내용들은 빠져 있는 것 같아요. 준비는 열심히 하셨지만 대부분 프론트 기획에 대한 내용만 담겨 있기 때문에 기간계 DB와 챗봇 DB가 서로 데이터를 주고받을 값을 설정하고, 이를 API 정의서에 녹이는 작업이 필요할 것 같습니다. 이를 위해선 인터페이스 구축이 우선되어야 합니다."

API? 프론트? 인터페이스? 사실 입사 전까지는 앱에서 보여지는 시각적인 부분들만 접하는 게 전부였다. 하지만 회사에 입사해 서비스를 기획하기 위해서는 서비스의 네트워크 체계와 개발환경에 대해 어느 정도 이해하고 있어야 한다는 것을 뒤늦게 깨달은 것이다. 여기서 고민은 '그렇다면 개발언어를 배워야 할까?'였고, 수많은 선배들의 조언과 관련 자료를 검색한 끝에 내린 결론은 개발자와 대화가 가능하도록 주요 용어를 익히고, 현실성 있는 기획이 가능할 수 있는 데이터 베이스 구조를 파악하는 것이 먼저라는 것이었다.

# 2

# 기획자가 반드시 알아야 하는 5가지 개발용어

기획자가 개발에 필요한 개발지식이 있어야 하는 이유를 다시 정리해 보면 개발자와 소통을 원활하게 함으로써 내가 작성한 기획서를 좀 더 쉽게 설득할 수 있고, 설사 개발자가 불가능하다고 하더라도 개발 가능한 범위에서 기획서를 수정할 수 있기 때문이다. 그리고 새로운 기술을 도입하거나 솔루션을 활용할 때 이것을 우리 서비스와 접목시킬 수 있는 방안을 도출해 낼 수도 있다. 즉, '개발자로서의 개발'이 아닌 '기획을 잘하기 위한 개발' '개발자와 원활한 소통을 위한 개발'에 초점을 맞춰야 한다.

이를 위해 가장 기초가 되는 개발용어는 크게 5가지다. 클라이언트와 서버, DB, API, 그리고 백오피스라는 용어의 뜻만 정확히 이해하고 있으면 개발자와의 회의에서 최소한 헤맬 일은 없을 것이다. 개념을 좀 더 쉽게 이해하기 위해 오픈마켓(네이버스토어, 옥션, 쿠팡 등)에서 물건을 구매하는 상황을 사례로 개념을 하나씩 살펴보도록 하자.

## 클라이언트, 서버, DB

먼저 특정 고객이 오픈마켓에서 상품을 조회하고, 주문하는 상황을 가정해 보자. 고객은 메인 홈 또는 특정 상품 페이지에 전시된 상품을 '조회'한다. 조회를 요청하는 고객의 요구사항은 '클라이언트(①)'를 통해서만 전달이 가능하다. 클라이언트는 사용자의 요구사항을 수행하는 일종의 비서 역할, 집배원 역할을 하며, 고객의 요청을 수행하기 위해 서버와 요청과 응답을 주고받는다. 상품의 상세페이지를 조회하고 싶다면 '상품 정보를 보여줘'라고 서버에게 요청하고, 방금 주문한 주문 이력을 재확인하고 싶다면 '주문이력 정보를 보여줘'라고 서버에게 요청한다. '서버(②)'는 클라이언트의 요구사항을 받아 DB에 저장된 정보를 클라이언트에게 제공한다. 'DB(데이터베이스)(③)'는 서비스가 운영되는데 필요한 모든 데이터를 저장하고 있는 정보 제공의 주체다. 상품 속

클라이언트와 서버, DB의 관계[2]

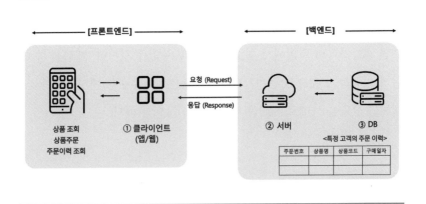

성, 상품 교환 및 반품 규정, 재고 수량부터 고객의 주문이력, 배송정보, 구매일자 등의 모든 정보를 저장하고 있다. 고객이 본인의 주문이력을 조회하고 싶다면, 역시나 같은 경로로 정보처리가 이루어지게 된다. 여기서 프론트엔드는 고객이 서비스를 이용할 때 사용하는 앱 또는 웹을 의미하며, 백엔드는 데이터를 저장하고 관리하는 DB 또는 서버를 운영하는 영역을 뜻한다.

## 백오피스(어드민)

그렇다면 고객이 오픈마켓에서 조회했던 상품 정보는 어떻게 관리되는 것일까? 앞의 그림만 본다면 DB에 개발자가 넣어주는 건가 싶지만, 상품 정보를 관리하기 위해 운영되는 별도의 시스템이 있다. 바로 백오피스 시스템(관리자 페이지, 어드민 페이지 등)이다. 제품을 판매할 셀러(협력사, 파트너)가 직접 상품 정보를 입력하고 재고현황을 관리할 수 있는 백오피스는 '셀러 오피스'라고도 한다. 만약 오픈마켓에서 별도의 고객센터를 운영해 고객의 주문이력과 문의이력을 한눈에 조회할 수 있는 CS 처리 목적의 백오피스가 필요하다면 우리는 이것을 '상담 백오피스'라고 한다. 이외에도 회계처리 및 정산, 마케팅 프로모션 현황 관리, 물류 데이터 관리 등 서비스를 운영하기 위한 기업 내 모든 업무 단위를 처리할 수 있는 시스템을 지칭한다. 셀러 오피스의 고객은 셀러, 상담 백오피스의 고객은 상담사가 되듯, 백오피스의 고객은 사내 구성원들이다. 때문에 프론트 기획과 달리 백오피스는 업무 효율을 높일 수 있는 방향으로 기획되어야 한다. 즉, 수기업무를 최소화할 수 있도록 사내의 운영자원을 최대한 시스템화할 수 있는 업무 프로세스 기획이 뒷받침되어야 한다는 뜻이다. 한편 백오피스에서는 정보의 '등록(쓰기)' '저장' '조회(읽기)'의 행위가 일어난다. 백오피스도 구조상 프론트엔드와 마찬가지로 클라이언트와 서버 구조를 가진다.

백오피스를 가장 쉽게 이해하는 방법은 블로그의 관리자 페이지를 생각하면 된다. 여기에서는 블로그의 스킨을 바꾸고, 콘텐츠를 등록하고, 메뉴 구조를 변경할 수 있다. 통계 기능을 제공해 조회 주기별 방문자를 확인할 수 있고, 유입 키워드를 통해 향후 발행할 콘텐츠의 방향성을 잡기도 쉽다.

**백오피스의 구조**

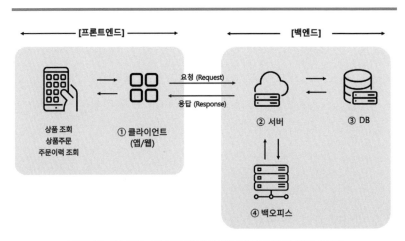

서비스의 복잡도가 높아지면서 백오피스에 대한 중요성도 커지고 있다.

# API

지금까지 클라이언트와 서버, DB의 관계를 통해 서비스의 정보 제공 방식에 대해 확인할 수 있었다. 하지만 클라이언트-서버로 이어지는 정보 제공방식은 비효율적이라는 단점이 있다. 클라이언트가 서버에 요청하는 것들은 의외로 많다. 로그인을 시작으로 상품정보 조회, 주문 결제, 배송정보 조회, 실시간 채팅 상담 등 이 모든 요청들을 서버가 일일이 응답해 줘야 한다. 때문에 이 요청들의 체계를 누군가 조정해 준다면 서버의 부하가 줄어들 것이다. 그 고마운 존재가 바로 'API(Application Programming Interface)'이다. API는 클라이언트와 서버, 서버와 서버 간 소통 시 '어떤 정보를 요청하고 어떤 데이터를 전달할지'에 대한 사전협

**API의 구조 [3]**

API는 사전에 협의된 규약 같은 것이기에 한 번 만들어 놓으면
추후에도 활용이 가능해 개발 효율성을 높여준다.

의서라고 할 수 있다. 자사 서비스 내에 타사 서비스의 일부(지도 앱, 포털 검색, 로그인 등)를 탑재할 때도 API가 사용된다.

API는 보통 'API 문서'에 기술된다. 최근에는 여러 기업들과 공공데이터포털에서 'Open API'를 공개해 누구나 쓸 수 있도록 하고 있다. 정부기관이 제공하는 따릉이 이용현황, 지역별 및 세대별 코로나 감염 현황부터 구글 지도, 소셜 로그인 기능이 모두 Open API의 영역이다. 때문에 Open API를 사용하면 하나의 서비스라도 확장성이 높아진다는 장점이 있다.

### 네이버가 제공하는 Open API 목록

| API명 | 설명 | 호출제한 |
|---|---|---|
| 검색 | 네이버 블로그, 이미지, 웹, 뉴스, 백과사전, 책, 카페, 지식iN 등 검색 | 25,000회/일 |
| 네이버 로그인 | 외부 사이트에서 네이버 로그인 기능 구현 | 없음 |
| 네이버 회원 프로필 조회 | 네이버 회원 이름, 이메일 주소, 휴대전화번호, 별명, 성별, 생일, 연령대, 출생연도, 프로필 조회 | 없음 |
| Papago 번역 | Papago 번역 인공신경망 기반 기계 번역 | 10,000글자/일 |
| CLOVA Face Recognition | 입력된 사진을 입력받아 얼굴윤곽/부위/표정/유명인 닮음도를 리턴 | 1,000건/일 |
| 데이터랩(검색어트렌드) | 통합검색어 트렌드 조회 | 1,000회/일 |
| 데이터랩(쇼핑인사이트) | 쇼핑인사이트 분야별 트렌드 조회 | 1,000회/일 |

# 3

# UX와 UI, 한 방에 정리하는 방법

## UX 디자인 vs UI 디자인

서비스의 뼈대와 근육을 다지는 개발구조를 이해했다면 이제는 색을 입히는 '디자인'에 대해 알아보자. 기본적으로 색을 입히는 디자인 작업은 프론트엔드에서만 국한되는 작업이며, 업무 역할은 UX와 UI로 구분된다. 우선 구글 검색을 통해 UX와 UI의 정의를 알아보면 다음과 같다.

- UX : User Experience(사용자 경험)의 줄임말로, 디지털 서비스뿐만 아니라 음향기기, 가전제품, 자동차 등 사용자가 제품을 사용하는 '경험'을 지칭. 나아가 이를 개선하는 작업까지 포함
- UI : User Interface(사용자 인터페이스)의 줄임말로, 서비스가 구현되는 실제 대상을 의미. 최근에는 사용자들이 겪는 문제를 해결하기 위해 UX의 방법론을 도입한 UX/UI가 성행

(위키백과)

용어 설명을 보니 더 이해가 안 된다. 그래서 나는 이를 '제사'에 비유해 보려고 한다. 명절에 차례상을 차릴 때 대추와 밤, 배와 곶감과 같은 열매 과일부터 다양한 나물과 육전과 어전 등 많은 음식을 준비한다. 이

때 지역마다 차이가 있겠지만 차례상에 음식을 올리는 상차림 법이 정해져 있다. 병풍에 가까운 1열을 기준으로는 식사류인 밥과 국을, 병풍에서 먼 5열에는 과일, 과자 등의 후식을 놓도록 되어 있다. 이걸 UX와 UI의 원리에 적용해 보면 다음과 같다.

- UI : 잘 말린 대추, 타지 않게 구워진 생선, 적정 두께의 육전, 선홍빛이 도는 예쁜 사과를 준비해야겠군.
- UX : 1열에는 밥과 국, 2열에는 구이와 전, 5열에는 떡이나 강정, 과일 순서로 놓아야 해.

IT 서비스도 이와 다르지 않다. 전 국민의 채팅앱인 카카오톡으로 예를 들어보면 다음과 같다.

- UI : 폰트, 컬러, 레이아웃 등
- UX : 친구 검색, 친구 추가, 친구 대화, 카카오뷰 등

카카오톡은 채팅이라는 행위를 위해 카카오톡 친구들과 쉽고 빠른 대화를 할 수 있도록 UI를 제공하는 것을 목적으로 한다. 그렇다면 어떤 것이 가장 적합한 폰트이고 이미지일까? 그리고 친구를 추가하고 검색하는데 가장 편리한 흐름은 어떤 것일까? 내가 카카오의 UX/UI 디자이너가 되었다고 가정하고 이런 상상을 해보았다.

채팅을 하기 위한 첫 번째 단계는 '친구 추가'이다. ②와 ③의 이미지는 임의로 변경한 친구 추가 화면이다. 기존 카카오톡 화면(①)과 어떤

**내 마음대로 바꿔본 카카오톡의 친구 추가 방법**

부분이 다른지 한 번 비교해 보자. 먼저 ②를 보면 적절한 아이콘이 연결되어 있지 않다. QR 코드인데 사람 추가를, 추천 친구에는 QR 스캔 아이콘을 사용하고 있다. 이처럼 '친구 추가'라는 경험 제공을 하는데 있어 적절한 UI가 맞는지 UI 디자이너와 기획자의 정확한 커뮤니케이션이 필요하다.

③은 잘못된 UX 디자인의 사례를 대표하고 있다. 물론 UX에 정답은 없지만 사람들에게 불편한 경험을 제공하는 것은 분명 잘못된 UX 디자인이라 할 수 있다. ③은 사용자 정보만 알면 친구 추가가 가능한 현재의 방식과 달리, 친구에게 직접 인증번호를 발송해 친구 추가가 가능하도록 하고 있다. 간단한 대화를 하기 위해 친구의 동의를 구하고 인증번호를 입력하기까지 불필요한 2개의 과정이 포함되어 있는 것이다. 채팅 앱이 보안이 중시되는 앱이라면 모르겠지만, 이 경우는 채팅이란 경험을 저해하고 있다는 것을 알 수 있다.

이 사례를 통해 확인했듯이 UX와 UI의 정의[4]를 다음과 같이 정리할 수 있다.

먼저 UI는 사용자가 서비스 화면에서 마주하는 디자인과 레이아웃 등을 말한다. 폰트나 색상, 줄 간격 등의 정적인 요소부터 반응형 디자인, 애니메이션 효과 등의 동적인 요소까지 모두 포함한다. 우리가 '좋은 UI'라고 이야기하려면 카카오톡의 사례처럼 별도의 설명 없이 보편성을 지니고 있어야 한다. 이때 대다수의 유저들이 사용하는데 만족하며 디자인의 요소를 편리하게 해 사람들의 만족도를 극대화하는 것이 중요하다.

반면 UX는 서비스 내 사용자의 행위를 유도하는 모든 경험을 말한다. 동시에 서비스에 어떤 정보와 기능을 담을지 선택하고 이러한 정보와 기능이 사용자로 하여금 '편리하고 유용함'으로 와닿을 수 있는 경험을 기획하는 일련의 과정을 포함한다. 예를 들어 배달 서비스에서 특정음식 또는 상호를 검색했는데 아무리 정렬, 필터링 등의 기능을 사용해도 내가 원하는 검색 결과가 나오지 않거나 검색 결과의 로딩 시간이 오래 걸린다면 사용자 경험은 손상되었다고 할 수 있다.

## 서비스 기획자와 UX 디자이너와 업무 차이

그런데 문득 이런 생각이 들 수 있다.

'사용자의 서비스 사용환경을 고려하는 것은 서비스 기획자의 역할이 아닌가? 그렇다면 UX 디자이너와 업무 차이는 대체 어떻게 되는 거지?'

결론부터 말하면 회사마다 다르다. 기획자가 UX 디자이너의 업무를 포괄하는 경우도 있고, UX 디자이너가 기획자의 업무를 함께하는 경우도 있다. 하지만 보통 서비스 기획자는 프론트엔드와 백엔드를 어떻게 연결시킬지, 사용자의 서비스 이용흐름(플로우)을 어떤 순서로 할 것인지 등 다양한 고객 유형을 분석하며 서비스의 운영 및 추가되는 프로젝트의 일정까지 담당하는 '프로젝트 관리'에 초점이 맞춰진다. 반면 UX 디자이너는 서비스에 포함되는 콘텐츠와 기능, 구성, 배치 등을 사용자 중심의 프로세스로 만드는데 주력한다. 웹이나 앱뿐만 아니라 공간의 동선을 바꾸거나 물건을 사용하는 방식을 바꾸는 것도 UX 디자이너의 업무에 포함된다.

하지만 이건 어디까지나 두 직무의 원론적인 차이를 알기 위해 구분한 것으로, 많은 회사에서는 두 직무를 거의 동일한 개념으로 사용한다. 더 나은 사용자 경험을 위해 문제를 발견하고, 서비스 전체의 고객여정을 생각하며 목표를 달성할 수 있는 경험을 설계하는 것, 데이터를 기반으로 사용자 관점에서 가설을 수립하고 검증하는 등 본연의 업무내용이 유사하기 때문이다.

# PART
# 2

서비스
기획자가
되고
싶다면

# 서비스 기획자의
# 직무 이해하기

# 서비스 기획자의 다양한 직무

우리는 지금까지 서비스 기획의 정의와 기획자가 되기 위해 필요한 다양한 개념들에 대해 살펴보았다. 그렇다면 다음의 공고 중 '서비스 기획자'라는 이름으로 채용공고를 게시한 기업은 어디일까?

| 기업명 | 주요 업무내용 |
|---|---|
| 기업 A | • 엔지니어, 디자이너, 데이터 분석가 등으로 구성된 스쿼드를 리드<br>• 시장, 유저, 제품에 대한 정량/정성적인 이해를 바탕으로 제품의 방향성을 제시<br>• 유효한 가설을 수립하고, 실험을 통해 가설을 검증하며 제품을 고도화 |
| 기업 B | • 데이터 기반의 가설을 통한 user behavior 분석 및 개선 방향성 기획<br>• 비즈니스, 개발팀과 커뮤니케이션을 통한 문제정의 및 해결방안 도출<br>• 서비스의 정책, 기능 정의 및 상세 wireframe 작업<br>• 디자인/개발/QA와 협업을 통한 서비스 구축 |
| 기업 C | • 자사 서비스의 사용자들이 겪고 있는 문제에 대해 다양한 리서치 방법론(UT, 인뎁스 인터뷰, 서베이 등)을 통해 발굴하고 해결방안 도출<br>• 사용자의 목소리와 주요 인사이트를 서비스 관련 부서에 이해하기 쉬운 언어로 전달 |
| 기업 D | • UX/UI 전략수립 및 정책 설계 : 마이데이터 등 당사 디지털채널 경쟁력 진단 및 개선<br>• APP/WEB UX 설계 및 Prototyping 프로젝트 진행 시 편의성 및 유용성 검증<br>• 사용자 데이터 기반으로 인사이트 도출, 사용성 테스트, FGI, 리서치, 설계 및 분석 |
| 기업 E | • 프로덕트 내 모든 텍스트를 지속적으로 검수하고 적극적으로 개선<br>• 어려운 금융업계 용어 및 자료를 사용자 친화적인 정보로 가공<br>• A/B 테스트를 통해 효율이 좋은 텍스트의 패턴을 발견하고 시스템화<br>• 프로덕트 디자이너 및 개발자와 협업하여 프로덕트 전반의 라이팅 퀄리티를 개선 |

(출처 : 원티드 채용공고, 2021년 하반기)

정답은 기업 B로, 와디즈의 서비스 기획자 채용공고이다. 참고로 기업 A는 에이블리의 PO, 기업 C는 배달의 민족의 UX 리서처, 기업 D는 하나카드의 UI/UX 기획(2년 이상), 기업 E는 비바리퍼블리카(토스)의 UX 라이터(경력 제한 없음) 채용공고이다.

서비스를 만드는 사람들이 이렇게 많은 일을 한다는 사실을 채용공고를 통해 느끼는 한편, 서비스 기획의 정의에서 살펴본 내용과 달리 꽤나 다채로운 직무라는 것을 알 수 있다. 그래서 이번 장에서는 서비스 기획의 세부 직무를 함께 확인해 보고자 한다.

# 비슷해 보이지만 전혀 다른 PO와 PM

2

서비스 기획자라는 단어는 어느새 PO와 PM으로 확장되어 사용되고 있다. 서비스를 만드는 사람들을 총칭하는 용어를 넘어, 이제는 기업의 상황에 맞게 'PO(Product Owner)'와 'PM(Product Manager)'을 별도로 채용하고 있다. 우선 공통단어에 해당하는 'P'부터 먼저 알아보자.

## Product(제품)

기업이 생산하는 모든 산출물을 뜻하는 Product(제품)는 'IT 기업에서 생산하는 모든 제품을 의미하며, 앱·웹·시스템 등'을 뜻한다. 즉, IT 서비스 한 덩어리를 총칭하는 것으로, 예를 들어 이커머스 사이트의 웹사이트 전체, 뷰티 커머스의 앱 전체, 핀테크의 앱 전체를 의미한다.

그런데 서비스 기획의 현업에서 보게 되면 큰 덩어리의 Product는 2가지 방법으로 나누어 구분한다. 하나는 상품(또는 비즈니스)의 영역이다. 예를 들어 종합몰 이커머스라고 한다면 명품 잡화, 유아·아동, 스포츠, 가전, 주방 등 영업의 성격에 따라 각각의 Product라고 말할 수 있다. 이런 Product를 'Vertical Product'라고 하는데, 한 기능만을 집중적으로 제공하는 서비스를 뜻한다. Vertical Product의 반대 개념은 Horizontal Product라고 하는데, 네이버와 쿠팡, 토스와 같이 다양한 카테고리의 상품을 제공하거나 여러 서비스를 한꺼번에 제공하는 서비스를 뜻한다. 가령 네이버는 Horizontal Product지만 네이버페이와 네이버부동산 앱은 Vertical Product로 구분할 수 있다. 마찬가지로 오늘의집과 화해는 인테리어와 뷰티 커머스를 대표하는 Vertical Product로 분류할 수 있다. 토스는 은행의 송금 기능만 제공하는 Vertical Product였지만 다양한 금융서비스를 추가함에 따라 Horizontal Product로 변화하고 있다.

또 하나는 Product를 기능 단위로 구분하는 것이다. 가령 새벽배송 서비스에서 요즘 핫한 '그릭요거트'를 검색했다고 가정해 보자. 사용자는 이때 '검색 Product'를 사용한 것이다. 마음에 드는 제품이 있어 주문 버튼을 누르고 장바구니에 담아 결제까지 한다면 '주문 Product' '장바구니 Product' '결제 Product'를 사용했다고 할 수 있다. 이렇게 Product를 기능 단위로 구분하는 것은 단순히 제품의 경계를 구분하는 것뿐만 아니라 채용 시에도 동일하게 적용된다. 참고로 토스의 경우 제품별로 서비스 기획자를 채용하는 것을 넘어 PM과 PO를 나누어 채용하기도 한다.

## 업무 내용에 따른 PO vs PM

그렇다면 똑같은 Product를 다루는 PO와 PM은 어떻게 구별할 수 있

## Product 단위의 토스 채용공고

| Q 직무 검색하기 | Product (21) ∨ | 고용 형태 ∨ | 전체 채용 공고 ∨ |
|---|---|---|---|
| 어떤 포지션을 골라야 할지 모르겠다면? › | | | |
| **Product Manager** | PM · 서비스확장 · 고도화 · 운영기획 · 개선 | | 토스증권 |
| **Product Manager** | 고객 상담 서비스 PM · 서비스확장 · 고도화 · 운영기획 · 개선 | | 토스씨엑스 |
| **Product Manager** | PM · 서비스확장 · 고도화 · 운영기획 · 개선 | | 토스플레이스 |
| **Product Manager (공통)** | PM · 서비스확장 · 고도화 · 운영기획 · 개선 | | 토스 |
| **Product Manager (회원/인증)** | 회원 · 인증 · 서비스 운영 · PM | | 토스 |
| **Product Owner** | PO · 모바일제품 · 비즈니스 · 서비스기획 · 사업전략 | | 토스신용데이터 (가칭) |
| **Product Owner** | PO · 모바일제품 · 비즈니스 · 서비스기획 · 사업전략 | | 토스증권 |
| **Product Owner** | PO · 모바일제품 · 비즈니스 · 서비스기획 · 사업전략 | | 토스 |
| **Product Owner** | PO · 모바일제품 · 비즈니스 · 서비스기획 · 사업전략 | | 토스뱅크 |

같은 서비스 기획자(PM, PO) 공고 같지만, 제품 단위별로 다르게 채용하고 있는 토스

을까? 먼저 업무를 기준으로 PO와 PM을 구분하는 방법이 있다. 일반적인 서비스 기획자의 업무내용을 살펴보면 다음과 같다.

1) 전략기획(경쟁사조사 및 시장조사, 고객조사 등)
  - 문제인식 및 목표수립
  - 시장, 사용자, 법안 등 환경분석
2) 정보구조도(IA) 설계 및 스케줄링
  - 요구사항 정의서에 기반한 정책 결정
3) 프론트 페이지와 백오피스의 스토리보드 작성
  - 정책 결정사항, 서비스 프로세스, 와이어프레임, 세부정책

4) 커뮤니케이션

- 유관부서와의 협의

5) 매뉴얼 제작

6) QA(테스트) 진행 및 앱 론칭(또는 버전 업데이트)

7) 서비스 분석

- 통계지표 분석, 그로스 해킹을 통한 검증 테스트 진행

그럼 여기서 토스의 사내 인터뷰[5] 내용을 통해 PO와 PM이 어떻게 서로 다른 지향점을 가지고 있는지 알아보자.

PO는 '작은 스타트업의 대표' 같은 느낌이에요. 담당한 토스 서비스의 목표와 사일로(PO와 디자이너, 개발자가 한 팀인 토스만의 조직 구성단위)의 비전을 세우는 일부터, 사용자들이 원하는 것과 사업 목표를 고려해 어떤 서비스를 만들어 낼지 정하는 것, 이를 위해 해야 할 액션 아이템을 모두 찾고, 우선순위를 정해 하나씩 실행하는 것, 그리고 예산 설정과 집행에 이르기까지 서비스의 한 주기를 모두 담당해야 하기 때문입니다. 이 과정에서 팀원들이 하나의 목표에 집중할 수 있게 만드는 것도 PO의 역할이라 할 수 있어요. (중략) PM은 위에서 방향, 매출과 수익 목표가 모두 정해지고 나면 이를 달성하기 위한 제품을 시장에 내놓는 역할이 주가 돼요. 하지만 토스의 PO는 방향과 목표 설정도 스스로 할 수 있어야 합니다.

토스의 인터뷰 내용을 통해 정리해 보면 PO는 서비스 기획자의 주요 업무 중 1번의 '전략기획'과 7번의 '서비스 분석'을 통해 Product가 나아가야 할 방향, 현재 목표에 집중하게 하기 위한 병목요소 제거, 우선순

위 선정에 따른 선택과 집중을 돕는 역할이라고 할 수 있다. 반면 PM은 사업과 Product의 방향성이 정해진 후 문서를 작성하고 정해진 기한 내에 산출물이 나올 수 있도록 2~6번의 업무를 관리하는 사람의 성격에 더 가깝다고 볼 수 있다.

물론 이처럼 PO와 PM의 경계를 무 자르듯 구분할 수는 없지만, PO는 개발자와 디자이너가 효율적으로 일할 수 있도록 일의 우선순위를 정하고 다양한 이해관계자들로부터 접수된 개발 요구사항들을 사업방향에 맞게 관리하는 역할을 담당한다. 반면 PM은 고객과 직접 만나고, 데이터를 분석하며, 스토리보드 등 개발자와 디자이너와의 커뮤니케이션에 필요한 문서를 관리하는 역할을 맡게 된다.


## 조직구조에 따른 PO vs PM

다음은 조직 형태에 따른 구분이다. 대부분의 국내 기업들은 유사업무를 통해 조직(팀)을 구성하는 '기능별 조직' 형태를 갖추고 있다. 필자가 속한 회사 또한 기획자는 기획자들끼리, 디자인팀과 개발자는 각각 별도의 팀에 속해 있다. 이처럼 업무가 비슷한 사람들끼리 모아두면 업무별 표준화가 가능하고 조직 내 효율성이 강화된다는 장점이 있다. 그리고 이러한 기능별 조직 내에서는 다음의 순서대로 서비스 기획을 진행하게 된다. 먼저 서비스 기획자가 기획에 필요한 요구사항들을 모두 정의하고 스토리보드를 작성한다. 이후 디자이너와 개발자가 업무를 진행한다. 그리고 이 과정을 통해 어느 정도 업무가 진행되면 기획자가 요구사항을 수정하거나 추가하려 해도 방법이 없다. 바꾸려면 처음부터 다시 시작해야 하기 때문이다. 이처럼 위에서 아래로 폭포수처럼 흐르는 형태로 개발이 이루어지는 것을 '워터폴(Waterfall)' 방식이라고 한다. 그리고 이러한 기능별 조직의 서비스 기획자를 'PM'이라고 구분한다. 즉, 정해진 기한 내에 요구사항을 찾아내 서비스화 시키는 사람을 말하며, 앞서 언급했던 PM의 정의와 크게 다르지 않다.

반면 PO는 기능별 조직을 탈피해 목적형 조직 내에서 파생되는 개념으로 스타트업의 성황과 함께 각광을 받기 시작했다. 같은 직군은 아니지만 공동의 목표를 가지고 있는 조직을 '목적형 조직'이라고 하는데, 국내에서는 대표적으로 토스가 '사일로'라는 목적형 조직의 구조를 운영하고 있다. 사일로는 8~9명 규모의 소팀제로, 단일 Product(백오피스, 페이, 뱅크 등)를 만들기 위해 PO와 개발자, 디자이너가 한 팀으로 이루어진 조직이다. 이러한 목적형 조직에서는 개발주기를 한 달 단위로 맞추고 2주마다 추가할 고객의 요구사항은 없는지, 서비스가 제대로 운영되고 있는지를 검토하게 된다. 이때 PO는 우선적으로 개발해야 할 내용을 함께 정하고, 이것이 왜 중요한지 회사의 리더와 개발팀(개발자, 디자이너)을 설득하는 업무를 담당한다. 2주 단위로 좁혀진 개발기간 내에 제품의 각 항목별 기능과 품질, 사용자 경험을 개선시킬 기능이 어떤 것인지 찾고 또 찾는다. 이처럼 목적형 조직에서는 업무의 마감주기가 짧고 반복되다 보니 빠르고 낭비없는 작업을 위해 '애자일(Agile)' 개발방법을 선호한다.

한편 카카오페이나 화장품 뷰티 앱 화해를 만드는 버드뷰의 경우는 제품그룹을 기능별 조직과 목적형 조직의 장점만 취한 혼합형 조직구조를 취하기도 한다.

　정리해 보면 PM이 전체 일정을 관리하는 프로젝트 리더의 성격을 가진다면, PO는 개발 우선순위의 설정을 위한 타당성 검증과 개발팀과 비즈니스 리더 간의 끊임없는 커뮤니케이션 창구 역할을 담당한다. 하지만 PO와 PM을 정의 내리는 것이 회사마다 다르고, 해외에서는 PO와 PM의 차이가 명확하지 않다는 의견이 더 많다. 우리나라 또한 쿠팡과 토스를 중심으로 PO 문화가 도입되기는 했지만, 아직까지 대부분의 회사에서는 PO와 PM이 공존하는 회사를 찾기도 어렵고 앞에서 구분한 PO의 업무내용과 PM의 업무내용이 혼재된 경우도 많다. 그리고 워터폴-PM, 애자일-PO의 구분을 공식처럼 보지도 않는다. 그저 PO와 PM이 등장하게 된 맥락적 배경을 이해하는 차원에서 구분된 이론이기도 하다. 따라서 용어 자체에 매몰되기보다는 개념이 탄생하게 된 배경을 살피는 것이 업무에 대한 이해도를 높일 수 있는 방법이다.

# UX 리서처와 UX 라이터

그런데 채용공고를 보면 PO와 PM 외에도 'UX 리서처'와 'UX 라이터' 라는 직무가 등장한다. 단어만 들으면 리서처(Researcher)는 조사하는 사람, 뭔가 데이터를 활용하는 것 같은 느낌이 들고, 라이터(Writer)는 카피라이터, 글쓰는 사람이라는 느낌이 든다. 이에 대해 자세히 알아보자.

## 고객중심사고의 끝판왕 직무 – UX 리서처

UX 리서처는 서비스와 고객 사이에서 고객의 실제 행동을 분석해 고객의 진짜 문제가 무엇인지 찾아내는 사람이다. 고객의 문제를 발견하기 위해 사용자 조사를 계획하며, 조사 중 발견된 유저의 불편함을 서비스 기획팀의 주요 개선사항으로 끄집어내는 역할을 한다. 여기서 '진짜 문제'란 고객의 피드백(앱 리뷰, VoC)에서는 찾아볼 수 없었던 문제가 발생하게 된 '맥락'을 발견하는 것을 말한다. '어떤 상황에서 무슨 기능을 썼길래 불만을 남겼을까?'라는 문제의 원인을 깊숙이 분석해 보는 것이다. 이를 위해 사용자 테스트(UT, User Test), 심층 인터뷰 또는 집단 심층 인터뷰(FGI), 설문조사 등을 통해 사용자가 서비스를 경험하는 전 과정을 조사하게 된다.

물론 이 일은 서비스 기획자의 업무 중 하나이기도 하다. 하지만 'UX 리서처'라는 별도의 전문가를 채용하는 이유는 고객이 겪고 있는 문제의 원인을 서비스 기획자에게만 전가하는 것이 아니라 전사 차원의 우선 해결대상으로 여기기 때문이다. 즉, UX 리서처가 있는 회사는 고객 중심으로 업무를 진행하며 PO가 존재할 가능성이 높다는 것을 보여준다. 우리나라에서는 쿠팡과 토스가 PO는 물론 UX 리서처 직무를 채용하고 있다.

UX 리서처가 조사하는 고객 경험의 범주는 앱/웹 서비스의 이용뿐만 아니라 서비스를 이용하는 전후 과정까지 다루게 된다. 고객이 상품을 구매하기 전 어디에서 검색을 하는지, 상품 구매 후 상품을 경험하는 과정과 응대과정에서 발생되는 문제는 없었는지도 조사한다.

고객을 분석할 때 현업에서 주로 사용하는 방법은 크게 3가지가 있다.

1) 서베이·설문조사 : 사용자의 제품·서비스 이용행태 및 인식을 파악해 사용자의 니즈를 이해하는 것이 주된 목적이다. 보통은 내부 직원들을 대상으로 진행하지만 리서치회사 전문 패널, 자사 패널 및 고객자문단을 통해 진행하기도 한다.

2) 사용자 인터뷰 : 대면 IDI(In-Depth Interview), 대면 FGI(Focus Group Interview)를 통해 실제 사용자 경험을 조사하여 문제를 파악하고 더 나은 의사결정의 근거를 마련한다. 설문조사보다 더 구체적이고 엄격한 기준으로 대상자를 선정하다 보니 적합한 대상자 모집이 어렵다는 단점이 있다.

3) 사용자 테스트(UT, User Test) : 사용자의 서비스 이용 시나리오를 점검해 현재

문제가 무엇인지 빠르게 파악하는 것을 목적으로 한다. 보통 현장에서 타이핑 스크립트 또는 비디오 녹화를 통해 기록한다.

UX 리서처의 리서치 범위는 꽤 넓은 편이다. 신제품의 기능 테스트, 새로 오픈하는 기획전의 상품 구매경로 테스트 등 기획자를 포함한 유관부서의 다양한 요청을 받게 된다. 그래서 각각의 요청에 대해 고객에게 영향을 미치는 정도를 고려해 그 효과가 큰 것들 위주로 우선순위를 정해야 업무를 진행할 수 있다. 리서치의 상세내용에 대해서는 Part 3에서 자세히 살펴보도록 하겠다.

## 어느 날 서비스가 내게 말을 걸어온다 – UX 라이터

사용자 경험 개선의 중요성이 커지고 요구사항이 증가함에 따라 일관된 사용자의 경험을 관찰하고 개선하는 업무가 큰 비중을 차지하게 되었다. 그래서 UX 리서치와 함께 세분된 업무영역이 바로 UX 라이팅(UX Writing)이다.

UX 라이팅은 사용자가 앱을 사용하고 경험하는데 도움을 주는 앱 안의 카피를 작성하는 것을 말한다. 사용자에게 무엇을 해야 할지 알려주고, 특정 기능의 상황에 대한 배경을 이해할 수 있도록 돕는 모든 텍스트를 포함한다.

광고 카피라이터가 제품·서비스 등 무언가를 판매하기 위해 텍스트를 만드는데 주안점을 둔다면, UX 라이터는 앱/웹에서 사용자와의 의

## '원룸만들기'의 푸시 메시지와 앱 내 다양한 문구들

20대 젊은 자취생 고객들을 대상으로 귀엽고 발랄한 무드의 문구들이
친한 친구와 대화하는 듯한 분위기를 연출하고 있다.

사소통을 지원하고 향상하는데 목표를 둔다. 따라서 앱의 핵심 사용자
가 공감을 할 수 있는 문구를 찾아야 하고, 그들의 불만사항과 필요사항
을 카피로 해결할 수 있는 지점까지 가야 한다.

### 카피라이터와 UX라이터의 차이

| 카피라이터 | UX 라이터 |
| --- | --- |
| 소비자를 끌어들이기 위한 매력적인 단어 사용 | 기능을 설명하기 위한 심플한 단어 사용 |
| 판매 중심 | 서비스 중심 |
| 마케터와 함께 협업 | 디자이너와 함께 협업 |
| 제품의 스토리를 말하기 | 사용자와 대화 나누기 |

위의 그림은 OTT 서비스인 왓챠와 넷플릭스의 홈페이지 메인화면이다. 딱 봤을 때 어떤 느낌이 드는가? '2주 무료 이용 시작'이라고 말하는 왓차와 달리 '무제한'을 강조하며 바로 가입을 권하는 넷플릭스의 분위기는 사뭇 다르다. 가입을 권하는 문장 하나만으로도 서비스가 지향하는 점, 소비자를 우리의 사용자로 전환시키기 위해 어떤 전략을 구사하려는지 알 수 있다.

## UX 라이팅의 원칙

다음은 토스(A, B)와 배달의 민족(C, D) 앱이다. 둘 다 비슷해 보이지만 메시지에서 차이가 있다.

토스는 2021년 8월 송금수수료를 무료로 제공하기로 하고, 이를 알리기 위해 송금 메뉴에 알림 팝업을 띄웠다. '금융을 쉽고 간편하게'라는 가치를 가진 토스는 '무료 송금'이란 엄청난 정책변경 앞에서도 공지사

**토스 앱(A, B)과 배달의 민족 앱(C, D)**

항 안내나 장황한 정책 안내가 아닌 '진짜로요!'라는 문장을 덧대어 사용자와 대화하는 듯한 UX 라이팅을 제공했다. 기존 금융권의 앱이었다면 B처럼 전달했을 것이다.

배달의 민족은 다양한 생활서비스를 아우르는 '슈퍼 앱'으로 거듭나기 위해 첫 화면을 11년 만에 개편했다. D의 화면처럼 배달의 민족이 제공하고 있는 여러 서비스들의 기능적 측면만 간결하게 설명할 수도 있지만, 유머스럽고 친근한 커뮤니케이션을 즐기는 '배민다움'이란 브랜드 슬로건답게 서비스 설명 문구 또한 C의 화면처럼 남다르게 기재했다.

이처럼 UX 라이팅은 사용자의 서비스 이해도를 높이는 것은 물론 브랜딩 메시지의 전달, 사용자의 특정 행동을 유도하는 매개체 역할을 담당한다.

이러한 UX 라이팅의 원칙에 대해 구글[6]은 3가지 키워드로 정의하고 있다. 전문용어보다는 사용자의 맥락에 맞는 명확성(Clear), 사용자가 글을 읽는 것이 아닌 스캔하기에 필요한 단어를 짧게 말하는 간결성 (Concise), 별도의 안내 매뉴얼 없이 어떤 행동을 해야 할지 생각하게 만드는 유용성(Useful)이 그것이다. 이 책을 읽고 난 뒤, 여러분들이 자주 사용하는 앱을 봤을 때 이런 점이 눈에 띌 것이다.

이밖에도 《사람 잡는 글쓰기》라는 커뮤니케이션 가이드북을 출시한 SK텔레콤[7], 고객 관점의 글쓰기 원칙을 담은 〈KB고객언어 가이드〉를 출시한 KB국민은행[8] 등 서비스의 일관된 메시지 수립을 위해 여러 기업들이 서비스 고유의 목소리를 정립하려는 행보를 확인할 수 있다.

## 2

# 서비스 기획자가 일하는 방법
# - 워터폴과 애자일

# 빠르게, 그리고 대량생산에 유리한 워터폴 방식

PM과 PO의 차이에서 설명했던 '기능별 조직'과 '목적형 조직'의 결정적 차이를 가져왔던 이유는 무엇일까? 바로 효율성과 탄력적인 대응에서 비롯된다. 기능별 조직에서는 하나의 목표를 이루는데 있어 디자인, 마케팅, 기획, 개발 등 직무별로 구성된 팀 단위가 공장의 생산설비처럼 일사불란하게 움직인다. 목적형 조직에서는 시장 트렌드와 고객 니즈의 변화에 맞춰 짧은 호흡으로 개발하기 위해 팀마다 고유의 의사결정 권한을 보장해 준다. 이처럼 고객의 요구사항이 점점 다양해지고 주기도 빨라져 이제는 '효율'과 '탄력 대응'의 정의를 다시금 내려야 하지만, 결국 기업은 '어떻게 개발해야 고객을 가장 만족시킬 수 있을까?'라는 목표에 맞춰 그에 걸맞는 개발방식을 고민하게 된다.

## 워터폴 방식

첫 번째 개발방식은 워터폴 방식이다. 비즈니스의 요구사항을 기반으로 기획과 디자인, 개발이 순차적으로 진행되는 워터폴은 크게 '요구

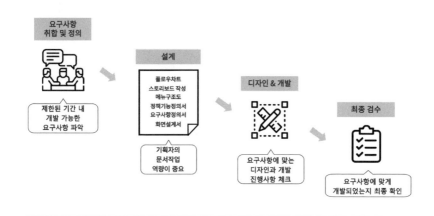

그림으로 보는 워터폴 방식[9]

요구사항
취합 및 정의

제한된 기간 내
개발 가능한
요구사항 파악

설계

플로우차트
스토리보드 작성
메뉴구조도
정책기능정의서
요구사항정의서
화면설계서

기획자의
문서작업
역량이 중요

디자인 & 개발

요구사항에 맞는
디자인과 개발
진행사항 체크

최종 검수

요구사항에 맞게
개발되었는지 최종 확인

사항 분석 - 설계 - 디자인 및 개발 - 최종 검수'의 4단계로 구성되어 있다. 이때 고객들의 요구사항을 정리하고 실현 가능한 디자인의 형태와 개발 가능 여부를 파악한 뒤, 개발 우선순위를 정해 작업을 수행하게 된다. 이후 요구사항에 맞게 잘 개발되었는지 검수를 진행하며, 개발 이후에는 유지보수 작업을 거친다. 추가적인 기능 개발이 필요할 경우, 다시 프로젝트를 처음부터 진행하게 된다.


## 워터폴 방식의 장점

워터폴 방식의 장점은 빠르다는 것이다. 개발 전에 요구사항을 이미 충분히 논의하고 걸러냈기 때문에 개발자나 디자이너의 작업 숙련도에 비례한 작업속도를 갖추게 된다. 자동차를 만들 때 컨베이어 벨트가 돌아가는 공장에서 A는 유리를, B는 엔진을 담당해 각 영역 담당자의 전문성과 집중도를 끌어올리는 것을 생각하면 된다. 이 경우 업무가 파트별로 분장되고 관리되다 보니 목표가 세분화되어 본인에게 할당된 목표만 충실히 하면 되기 때문에 기술적인 위험요소가 적은 것 또한 워터폴 방식의 장점이다. 요구사항을 미리 충분히 논의했고, 이를 기획자가 문서로 잘 정리해 달성 정도를 수시로 체크할 수 있기 때문에 개발 기한이 정해진 프로젝트에서 유용하게 쓰이는 개발방법론이다.

## 워터폴 방식의 단점

하지만 워터폴은 한 가지 치명적인 단점을 가지고 있다. 바로 고객과의 즉각적인 커뮤니케이션이 어렵다는 것이다. 고객이 관여하는 순간이 개발과정의 처음과 끝에만 있다 보니 요구사항을 정의한 후에는 고객이 개입할 수 있는 여지가 없다. 이는 개발이 되기 전까지 서비스가 실제로 작동하는 모습을 볼 수 없어 수정 요청은 개발 완료 이후 시점에야 가능하다는 뜻이다. 만약 고객의 요구사항이 변경되어 수정할 사항이 발생한다면 프로젝트에 투입되는 인원을 다시 산정하고 전체 일정을 조율해야 하기 때문에 비용이 더 늘어나는 구조이다. 아울러 워터폴 방식은 앞 단계의 업무가 종료되기 전까지는 다음 단계의 작업을 할 수 없어 병목현상이 발생할 수 있다는 문제점도 있다. 그래서 워터폴 방식은 대규모 데이터를 연동하는 B2B 서비스, 금융플랫폼이나 운영체제(OS)와 같이 한 번에 완제품을 출시해야 하는 경우에 주로 적용한다.

## 2

# 1년에 몇 번 출시하세요? 애자일 모델의 등장

'민첩한'을 뜻하는 Agile의 영단어처럼, 애자일 개발방법론은 빠르게, 그리고 낭비 없이 만드는 것을 총칭한다.[10] 워터폴이 고객의 요구사항을 바탕으로 전체 프로젝트의 계획을 미리 짜고 빠짐없는 문서 작성을 통해 개발을 진행한다면 애자일은 워터폴보다 마감주기가 짧고 그 주기가 반복된다. 각 주기가 끝난 후 산출되는 결과물은 계속해서 평가되며, 서비스의 기능은 비즈니스 가치의 순서대로 구현되기에 핵심적인 기능이 먼저 론칭된다. 또 반복주기가 짧아 계획이나 문서화 작업보다는 개발 자체에 초점이 맞춰진다.[11] 이렇게 전체 프로젝트의 마감기한에 맞춰 일정 크기로 더 잘게 쪼갠 단위를 '반복주기' 또는 '스프린트(Sprint)'라고 한다. 그리고 각 스프린트 내에서는 요구사항 분석과 계획 수립, 디자인 및 개발 구현, 리뷰 등의 작업이 반복된다.

그렇다면 여기서 한 가지 궁금증이 생길 수 있다. 잘게 쪼개기만 하면 고객의 요구사항을 그대로 수용할 수 있을까? 잘게 쪼개서 빠르게 고객의 의견을 수용한다면 서비스의 완성도가 높아질 수 있을까? 그렇지 않다. 애자일의 포인트는 잘게 나눈 개발주기 속에서 무엇 때문에 실패했는지를 최대한 빨리 회고하는 것이다. 즉, 이번 개발주기는 인력이 부족했다거나, 개발범위의 변경이 필요했다거나, 우선순위가 바뀌었어야 하는 등 특정 사유로 인해 실패하더라도 부족한 부분을 빠르게 리뷰할 수 있다. 이 때문에 구현 단계에서 설계 단계로 다시 돌아갈 수 있다. 이처럼 애자일은 각 개발주기당 주어진 목표를 달성하지 못했더라도, 빠르게 다시 시작해 최선의 결과를 얻을 수 있다. 또한 다양한 시도, 빠른 실패, 리뷰 후 배운 내용을 보완해 다음 개발주기에 임할 수 있어 고객 피드백에 기반한 개발이 가능하다.

애자일 프로세스의 구조

워터폴의 큰 개발흐름과 동일한 '요구사항 정리, 계획 수립, 개발 진행, 리뷰' 단계가
각 스프린트마다 끊임없이 반복되고 있는 애자일 프로세스

## 생산성을 높이는 리뷰 방법 4가지

애자일의 본질은 '리뷰(회고)'에 있다고 해도 과언이 아니다. 리뷰는 각 개발주기(스프린트)와 프로젝트가 종료된 시점에 팀원들이 함께 모여 정해진 기간 동안 수행한 업무를 돌아보는 것이다.

리뷰가 필요한 이유는 프로젝트를 진행하는 동안 잘한 점과 아쉬운 점을 찾아내고, 이를 토대로 개선을 위한 아이디어와 구체적인 액션플랜을 도출할 수 있기 때문이다. 무엇이 잘못됐고, 다음 번에 잘하기 위해서는 어떻게 해야 하는지, 또 잘했다면 왜 잘했고 다음에도 계속 잘하기 위해서는 어떻게 해야 하는지에 대해 개인과 팀 모두가 함께 성찰의 시간을 가지는 것이다. 그럼 여기서 여러 리뷰 방법 중 사용하기 쉬운 4가지 방법을 소개하고자 한다.[12]

### ① CSS(Continue-Stop-Start)

현재까지 프로젝트에 좋은 영향을 끼쳤거나 계속 유지하고 싶은 행동이라면 Continue에, 프로젝트에 부정적인 영향을 주거나 비효율적인 행동이라면 Stop에, 개선에 필요한 액션이라면 Start에 담으면 된다.

**프로젝트를 리뷰하는 4가지 방법**

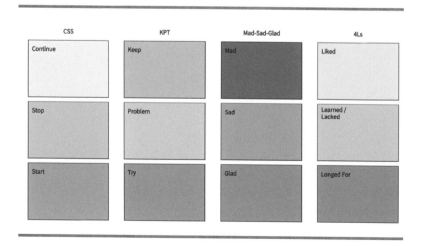

### ② KPT(Keep, Problem, Try)

현재 만족하며 계속해서 이어갔으면 하는 부분은 Keep, 불편하거나 개선이 필요한 부분은 Problem, 다음 스프린트 리뷰 때까지 바로 행동으로 옮길 수 있는 부분은 Try에 담는다.

### ③ Mad-Sad-Glad

불만족스러운 점은 Mad, 아쉬운 점은 Sad, 만족스러운 점은 Glad에 기재한다.

### ④ 4Ls

프로젝트를 진행하며 좋았던 부분과 그 이유, 남은 프로젝트 동안 지속되었으면 하는 것은 Liked, 프로젝트를 진행하며 배운 점은 Learned, 프로젝트 중 나 또는 팀이 부족했던 것은 Lacked, 프로젝트에서 희망하거나 얻고 싶었던 부분은 Longed For에 기재한다.

4가지의 리뷰 방법은 모두 '잘한 점, 못한 점, 개선책'이라는 3개의 템플릿으로 이루어져 있다. 리뷰는 아무리 바쁘더라도 매 스프린트 주기 때마다 반드시 지정된 일정과 제한된 시간 안에 진행해야 생산성을 높일 수 있다. 바쁘거나 힘들다고 이것을 그냥 지나친다면 다음 스프린트를 진행할 때 문제해결이 되지 않은 상태에서 프로젝트를 그대로 진행하게 된다.

리뷰의 각 항목은 시각화할 수 있도록 해 참여한 인원이 쉽게 인지할 수 있도록 해야 한다. 주로 쓰이는 도구는 오프라인 리뷰라면 포스트잇을, 온라인 리뷰라면 협업툴 미로 Miro(https://miro.com)를 주로 이용한다.

리뷰 항목 중 가장 중요한 요소는 문제를 해결하기 위한 액션 아이템을 도출하는 단계다. 가령 파트 간 커뮤니케이션이 부족했다는 문제점이 제기되었다면 1회 이상 메신저로 서로 대화하기, 협업 툴 내에서 팀원이 제안한 내용에 대해 이모지로 읽음 표시 해주기 등의 원칙을 정할 수 있다.

## 3

# 애자일, 그래서 만능일까?

워터폴과 애자일을 놓고 보면 애자일이 더 나은 개발방법일 것 같다. 하지만 현업자들과 함께 이야기해 보면 꼭 그렇지만은 않다. 토스와 쿠팡, 딜리버리 히어로즈와 같은 대규모 플랫폼 스타트업이 명확한 비즈니스 모델을 빠른 시일 내에 구축하고 서비스 고도화를 통해 경쟁자 대비 시장을 압도하는 데 있어 애자일은 분명 그 효과를 입증했지만 현장에서 일하는 사람들의 입장에서는 생각이 제법 다르기 때문이다.

### 현직 기획자의 생각

"요구사항이 분명하고 수정할 사항이 많지 않다면 워터폴로 가는 게 좋을 것 같습니다." 사내에서 금융권 시스템의 유지보수 업무를 맡고 있는 기획자 '분당 취향 부자 언니'는 애자일 자체에 대해 큰 관심이 없다. 불확실성이 높고 기능 추가에 따른 고객 반응에 민감해야 하는 B2C 서비스가 아닌 이상 고객군이 명확하고 요구사항 자체도 정형화되어 있는 기존 업체들의 시스템 구축업무에서는 애자일이 크게 필요성이 없다고 느끼기 때문이다. 오히려 애자일로 진행하게 될 경우, 예산 효율과 납기 일정이 중요한 금융권에서는 공수가 더 발생함에 따라 프로젝트 완료기간만 더 길어지기 때문에 애자일은 쳐다도 안 본다는 후문이다.

– 분당 취향 부자 언니(금융사 SI PM)

## 현직 기획자의 생각

"애자일에서 기획자/PO의 개입 여지가 과연 있을까?"

펫 커머스에서 PM을 담당하는 기획자 '호수 사는 남자'는 애자일에서는 '계획'이 무의미하다고 느껴진다고 한다. '호수 사는 남자'는 스프린트 회의를 통해 디자이너와 함께 프로젝트의 진행사항을 공유받으며 신규 기획전 페이지에 대한 논의를 계속 이어가던 경험이 있다. 그런데 문제는 한정된 시간과 비용 안에서 프로덕트 백로그에 기반한 '기능' 위주로만 진행되다 보니 숲보다 나무만 보는 듯한 느낌이 강하게 들었다. 즉, 기능에 우선해 요구사항을 맞추긴 했는데 '세상에 좋은 건 다 모아놓은 예쁜 쓰레기'를 만들어 놓은 거 같다는 생각이 들었다고 한다.

— 호수 사는 남자(펫 커머스 기획자)

여기서 한 가지 분명한 사실은 기획자가 개발방식을 선택할 수 없다는 것이다. 임직원들의 협의 끝에 결론이 난 기업의 개발방식인 만큼 기획자가 집중해야 할 것은 그저 본인의 업무, 프로젝트 그 자체에 몰입하는 것뿐이다. 서비스 개발환경과 무관하게 워터폴과 애자일의 공통점은 결국 특정 기능(Product)에 대한 문제사항을 파악하고 끊임없는 데이터 검증을 통해 팀 내 설정된 목표 수치를 달성하는 데 있다. 그것이 워터폴처럼 요구사항 검증과 개발, 디자인이 나뉘어져 있든, 애자일처럼 짧은 호흡으로 검증이 일상화된 환경이든 간에 말이다.

**3**

# 기획자에게 필요한
# 데이터 분석법

# 기획자의 필수덕목, 데이터 리터러시

## 데이터 만능주의를 경계하라

서비스 기획에서 데이터는 사용자를 이해하는 도구이다. 데이터를 분석해 서비스 출시의 근거를 마련하고, 이미 출시된 서비스를 고도화하기 위한 고객 경험 개선의 기초자료로 활용한다. 따라서 기획자는 서비스를 만드는 처음부터 어떤 데이터를 쌓아야 할지 미리 설계해야 한다. 하지만 현업에서 자주 하는 실수 중 하나가 데이터 활용 계획을 세우지 않거나 애초에 어떤 데이터를 봐야 할지 생각조차 하지 않는다는 것이다. 출시 일정에만 급급해 생긴 근시안적인 태도다.

이러한 근시안적인 태도를 탈피하기 위해 기획자에게는 높은 수준의 '데이터 리터러시' 역량을 요구한다. 데이터 리터러시는 데이터를 읽고 이해하며 분석적·비판적으로 수용할 수 있는 능력을 뜻한다. 기획자에게 더 높은 수준을 요구하는 이유는 기획자의 주관이 아닌 사용자의 생각과 행동에 맞춰 서비스를 기획하기 위함이다. 즉, 특정인의 주관에 편향되지 않고 의사결정의 객관성을 확보해 고객 중심의 서비스를 만들어 나가기 위한 필수 역량이다. 이때 주의해야 할 것은 데이터 리터러시를 오인해 '데이터 만능주의'에 빠지는 것이다. 데이터 만능주의에 빠지는 경우는 크게 2가지로 나눠볼 수 있다.

첫 번째는 데이터를 수집하는 것에만 몰두하는 것이다. '모아두면 어딘가 쓸 곳이 있겠지'라며 줄곧 데이터를 기업 내 내부자산으로 쌓아두고 있다. 이때 의사결정이나 이해를 위한 수단으로 사용되지 않고 버려지는 데이터를 '다크 데이터'라고 한다(위키백과). 따라서 기획자는 초기 서비스를 기획할 때 비즈니스 목표를 검증하고 달성 여부를 확인하기 위해 어떤 데이터를 쌓아야 하는지를 반드시 미리 계획해야 한다.

두 번째는 데이터가 그 자체로 어떤 문제를 해결할 수 있다고 맹신하는 것이다. 데이터를 활용한 의사결정은 가설과 검증의 끊임없는 반복을 뜻한다. 이는 맥락에 맞게 데이터를 사용하며 '어떤 질문에 답하기 위해 데이터를 쓰는가'라는 질문이 전제되어 있음을 내포한다. 따라서 좋은 질문을 할 수 있는 역량, 필요한 데이터를 선별하고 검증하는 역량, 데이터 해석 능력을 기반으로 쓸모 있는 결론을 만들어 내는 역량, 의사결정자들도 쉽게 이해할 수 있도록 결과를 표현하는 역량, 분석 결과에 따른 액션 아이템을 만들어 내는 역량과 같은 데이터 활용 역량이 필요하다.[13]

## 데이터 분석의 기본은 ERD의 이해

최근 실시간으로 진행하고 소통하며 상품을 바로 구매할 수 있는 라이브 커머스가 젊은 세대들에게 반향을 불러일으키자 이커머스 기업들이 앞다투어 '모바일 라이브 커머스'를 출시하고 있다. 그럼 여기서 '라이브 커머스' 앱 출시에 대한 예를 통해 데이터 분석의 중요성에 대해 알아보자.

기획자는 보통 라이브 플레이어 버튼은 어떻게 만들지, 방송 중 상품 리스트 노출과 구매 페이지 전환은 어떤 식으로 연결할지, 방송 흐름을 끊지 않고 비회원 고객의 로그인 및 회원가입을 어떻게 유도할지 등 고객의 구매를 일으키기 위한 '프론트' 입장에서 생각하게 된다. 하지만 이때 시청시간, 채팅 및 좋아요 등 시청자 반응횟수, 라이브 커머스 전용 프로모션 코드 등 서비스 개선에 필요한 데이터를 고려하지 않을 경우, 확인할 수 있는 데이터가 없어 의사결정에 어려움을 겪을 수 있다.

따라서 기획자는 기획 - 디자인 - 개발로 이어지는 서비스 개발 프로세스뿐만 아니라 우리 서비스에 어떤 데이터를 쌓을지 결정하는 'DB 설계'에도 함께 관여해야 한다. 이 경우 기획자는 쌓아야 하는 데이터의 범위를 정하고 정확하고 빠른 기획을 위한 데이터의 운영 및 관리 정책을 개발자와 함께 논의하게 된다. 기획자의 기획안을 바탕으로 DB의 설계도면을 DB 관리자가 그리게 되고, 기획자는 서비스 플로우에 맞게 데이터가 쌓이고 있는지를 확인한다. 이때 DB의 설계도면을 ERD(Entity Relationship Diagram, 데이터 및 데이터들의 관계를 표현한 도식화된 그림)라고 하는데, 굳이 이런 ERD까지 봐야 하나 싶지만 ERD의 간단한 구조만 이해하면 그리 어렵지 않다.

기획자가 DB 설계를 정확하게 이해하기 위해서는 ERD와 각 데이터들의 성격이 기술되어 있는 테이블의 정의서, 자신이 기획한 화면설계서를 번갈아 가며 보는 과정이 필요하다.

## 이커머스의 가장 기초적인 ERD 구조

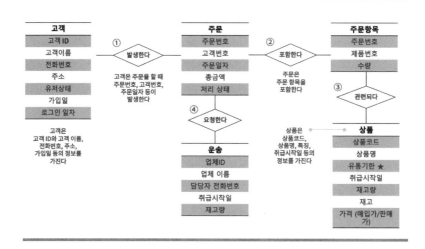

예를 들어 고객이 주문하는 시나리오에 기반한 ERD가 있다고 가정해 보자. 데이터를 담을 수 있는 바구니를 소위 '테이블'이라고 하는데, 이 테이블이 없으면 아무리 내가 그 정보를 보고 싶어도 데이터 조회를 할 수 없다. 위 이미지에서는 고객, 주문, 운송 등 표로 구성된 항목들이 데이터가 담긴 '테이블'이다. 그리고 이 테이블은 반드시 다른 테이블과 관련되어 있다.

ERD를 보는 순서가 따로 있지는 않지만, 여기에서는 '고객 - 주문 - 주문상품 확인 - 배송상태 확인'이라는 흐름으로 이어진다고 가정해 보자. 먼저 특정 고객이 자사몰로 입장했다. 해당 고객의 정보는 '고객' 테이블에서 확인 가능하며 로그인 일자와 유저 상태가 업데이트될 것이다. 이후 고객이 특정 상품을 주문할 경우 '주문' 테이블이 업데이트된다. 주문의 총금액, 주문번호 정보가 업데이트되고 고객번호가 함께 연결된다. 동시에 어떤 상품을 샀는지 내역이 연동되어야 하기 때문에 '주문항목'이 구체화되고, 주문한 상품의 정보를 확인하기 위해서는 기존에 등록해 둔 '상품' 테이블의 정보가 함께 연결된다. 그리고 고객이 배송할 업체 정보를 확인하고 싶다면 '운송' 테이블에서 업체가 등록한 정보를 통해 내용을 확인할 수 있다.

만약 기획자가 '신선식품의 경우에는 상품 전시 페이지에서 유통기한을 꼭 같이 표기해야 한다'고 요청했다면 '상품' 테이블에는 '유통기한' 데이터 항목이 반드시 포함되어 있어야 한다. 이 항목이 빠졌다면 DB 기획자에게 추가해 달라고 요청해야 한다.


## 사용자의 움직이는 데이터, 로그 분석

어떤 데이터를 수집할지 정한 이후에는 사용자 행동 데이터가 필요하다. 20대 고객은 주로 언제 주문을 하는지, 40대 고객은 어떤 상품군을 가장 많이 주문하는지도 중요하지만 서비스 기획자는 고객이 프론트에서 마주하게 될 환경(UX)도 함께 고민해야 하기 때문이다. 같은 이벤트라 하더라도 어떤 이벤트를 더 클릭하고, 어떤 화면에서 더 체류했으며, 최종 결제완료 화면에 이르기까지 어떤 화면에서 이탈하는지 등은 ERD에서 확인하기 어려운 사용자의 움직이는 데이터다. 이것을 알아야 고객의 서비스 사용 여정을 개선할 수 있고, 궁극적으로는 서비스의 비즈니스 목표인 '매출'과 연관된 고객의 행동을 유도할 수 있다. 이렇게 앱이나 웹에서 사용자가 어떤 행동(클릭, 스와이프, 보기(VIEW) 등)을 하는지 보여주는 데이터를 '로그(Log)'라고 한다.

우리가 생각하는 것 이상으로 사용자의 행동 데이터가 많은데, 이러한 수많은 행동 데이터들 가운데 핵심적으로 봐야 할 데이터를 제대로 수취 선택해야 서비스의 품질 개선을 빠르게 수행할 수 있다. 따라서 기획자는 로그 데이터의 범위를 구체적으로 정해야 한다.

여기 3개의 브런치 북(카카오에서 운영하는 글쓰기 플랫폼)이 있다고 가정해 보자. 각각의 브런치 북에서는 일별 조회 수, 댓글 수, 유입경로를 확인할 수 있다. 그런데 갑자기 '브런치 글쓴이들이 어떤 키워드를 중심으로 글을 쓰는지, 그리고 독자들은 어떤 키워드에 반응하는지 알아보고 싶다'는 생각이 들었다. 이 경우 기존에 설정된 고객 아이디와 브런치 북 발간일, 브런치 북 클릭일, 클릭 기기 ID 이외에 '유입 키워드'라는 로그 항목이 새로 필요하다.

1. 고객 아이디
2. 브런치 북 발간일
3. 브런치 북 클릭 일시
4. 클릭 기기 아이디
+ 5. 키워드

1. 고객 아이디
2. 브런치 북 발간일
3. 브런치 북 클릭 일시
4. 클릭 기기 아이디
+ 5. 키워드

1. 고객 아이디
2. 브런치 북 발간일
3. 브런치 북 클릭 일시
4. 클릭 기기 아이디
+ 5. 키워드

위의 그림은 똑같아 보이는 브런치 북이지만 3개의 책은 공통된 키워드(고객 ID, 브런치 북 발간일, 브런치 북 클릭 일시, 클릭 기기 ID)와 각기 다른 키워드(키워드 1 ~ 키워드 5)를 사용하고 있다. 이처럼 브런치 북에서 자주 사용되는 키워드가 궁금하다면 기획자는 '키워드'를 중심으로 한 로그 데이터를 확인해야 한다.

만약 '키워드' 로그 항목을 별도로 생성하지 않았다면, 브런치에서 아무리 다양한 해시태그 키워드를 사용한다고 하더라도 키워드에 대한 데이터는 집계가 불가능하기 때문이다. 이를 통해 브런치의 기획자는 자주 사용되는 키워드가 무엇인지 조회할 수 있고 고객 정보에 기반해 특정 키워드가 포함된 브런치 북을 메인 홈에 추천해 주는 알고리즘 등을 설계할 수 있다.


## 데이터 분석의 목적

이처럼 데이터 분석의 목적은 사용자가 서비스의 핵심기능에 도달하는데 얼마나 시간이 걸리는지, 수익모델에 이르기까지 장애물은 없는지 등을 확인하는 Critical Path(서비스에서 사용자가 목표행동까지 이르는 최적의 경로)의 최적화에 있다. 이를 통해 기획자는 사용자가 기업에게 기여하는 총이익의 합(LTV, 고객생애가치)을 증가시키는 방향으로 서비스를 기획하게 된다. 이때 기획자는 우리의 제품이 올바른 방향으로 가고 있는지에 대한 '지표(사업 추진의 상태 또는 결과를 측정해 이해하기 쉽게 수치화한 것)'를 설정해야 한다. 어떤 화면에서 전환율이 가장 상승하는지, 어느 고객군에서 이탈이 가장 많은지 등 새롭게 개발한 서비스의 기능이 지표에 어떻게 영향을 끼치고, 개선을 위한 우리의 액션플랜은 무엇인지 '문제 정의'를 위한 단서를 지표에서 찾을 수 있기 때문이다. 지표에 대해서는 다음 장에서 좀 더 자세히 다뤄보고자 한다.

데이터 분석의 목적

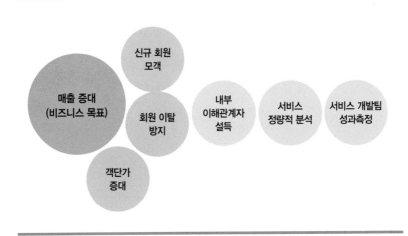

## 2

# 좋은 서비스를 만들기 위한 핵심지표 설정법

### 비즈니스 지표와 서비스 지표 구분하기

지표는 기업과 서비스가 성장하는 정도를 확인할 수 있는 가장 직관적인 방법이다. 지표라는 단어를 떠올리면 생각나는 항목에는 다음과 같은 것들이 있다.

> 매출, 이익, 가입자(구독자) 수, 가입자 이탈률,
> 고객생애가치, 고객획득비용, 마진 등

하지만 이러한 지표들은 매출·마케팅·비즈니스의 전반적인 운영현황을 살펴보는 지표로, 사용자의 반응을 확인하는 사용자 행동 데이터(로그)를 파악하기 어렵다. 그래서 서비스를 개발하는 사람들이라면 비즈니스 지표와 함께 다음과 같은 지표도 활용해야 한다.

> 사용자 수(회원, 비회원), 서비스 화면 단계별 이탈률, 사용자당 방문 수,
> 사용자당 체류시간, 페이지 조회 수, 특정 화면·버튼 클릭 수,
> 일·주·월 활성사용자, 재방문 고객 비중, 화면당 무반응 비율 등

즉, 매출이라는 공통의 비즈니스를 목표로 사용자가 자주 방문하고 있는지 사용자의 앱 의존도가 점점 높아지는 정도를 기간별·기능별·화면별·고객유형별 단위로 쪼개서 보는 것이다. 이를 통해 문제가 있는 화면과 기능을 찾아내고, 신규고객을 더 모으고, 기존고객의 이탈을 최소화할 수 있는 전략의 기초를 마련하게 된다.

## 지표의 유형과 계층구조 파악하기

로그와 마찬가지로 지표도 그 유형과 종류가 많다. 제한된 시간 속에서 '어떤 것이 가장 문제야'라는 것을 빠르게 파악하기 위해서는 지표 간의 '관계'를 설정하는 것이 필요하다. 즉, 특정 지표의 원인이 되는 '선행지표'와 결과에 해당하는 '후행지표'의 관계를 파악해야 기획자가 다음 기획을 할 수 있는 액션 아이템이 제시된다.

### ① 핵심지표

이때 다른 지표들보다 우선순위가 높고 비즈니스에 가장 중요한 지표를 핵심지표(북극성지표, 후행지표)라고 하며, 서비스 개발의 목표가 되는 지표로 불린다. 보통 매출, 고객 증가 정도(시장점유율 등), 결제비중 증가 정도(예약률, 메시지 전송비율 등과 같은 핵심 비즈니스 모델과 연관된 고객의 행동), 활성사용자 증가 정도(WAU, MAU, DAU), 이익률(마진, 고객획득비용 등), 제품에 대한 사용자의 만족도 등을 핵심지표로 설정하게 된다. 그리고 회사마다 다르지만 신규고객 인입 또는 유지율(서비스에 잔존해

기업별 핵심지표

| 항목 | 에어비앤비 | 넷플릭스 | 틴더 | 우버 | 스포티파이 | 페이스북 |
|---|---|---|---|---|---|---|
| 매출 | | | | 총 대금청구 금액 | | |
| 고객 증가 | | | 유료 결제를 한 고객 수 | 시장점유율 | 유료 결제를 한 고객 수 | |
| 결제 증가 | 숙박 예약 | 월별 평균 시청시간 | | 우버트립 이용 수 | 팟캐스트 청취시간 | |
| 활성 사용자 | | | | | MAU | 체류시간 |
| 서비스의 목표 | 결제 최적화 | 사용자 관여도 최적화 | 유료고객의 경험 최적화 | 결제 최적화와 서비스 속도 | 유료고객 전환과 사용자 관여도 최적화 | |

[출처 : Choosing Your North Star Metric][14]

있는 고객의 비율)을 확인하기 위한 '활성사용자 수'를 핵심지표로 삼는 경우가 많다.

## ② 투입지표

다음으로 핵심지표에 영향을 주는 투입지표(원인지표, 선행지표)를 확인해야 한다. 핵심지표가 고객의 가치를 측정할 수 있는 프로덕트 전략에 대한 지표이며, 팀이 목표로 하는 고객의 문제와 비즈니스가 목표로 하는 수익을 연결할 수 있다는 점에서 중요한 것은 맞다. 하지만 장기적 차원의 목표이기 때문에 핵심지표를 잘게 쪼갠 후 구체적인 개선 전략에 해당하는 액션 아이템을 만들어 낼 수 있는 투입지표가 필요하다. 이때 좋은 투입지표는 핵심지표와 상관관계가 높고, 서비스 개발의 의사결정을 위한 인사이트를 제공할 수 있는 것이어야 한다.

투입지표는 사용자 수, 앱 사용빈도 및 트래픽 등 다양한 관점에서 쪼개질 수 있다. 예를 들어 에어비앤비가 '숙박 예약 건수'를 핵심지표로 설정했다고 가정해 보자. 그렇다면 숙박 예약 건수에 영향을 줄 수 있는 게스트 전환비율, 신규 호스트 등록 건수, 방문객의 웹사이트 방문 건수 등을 투입지표로 설정해 회원가입 페이지 개선, 가입유도 버튼 위치 조정, 호스트 페이지의 상세 설명 그리드 변경 등의 작업이 가능하다. 핵심지표별 투입지표의 종류는 다음과 같다.

**핵심지표별 투입지표 설정하기**

| 핵심지표 | 투입지표 |
|---|---|
| 매출 | 유저당 평균 결제액, 순계약금액 잔존율 |
| 성장 효율 | 고객획득비용(CVC), 고객생애가치(LTV), 광고비 지출 대비 매출 정도(ROAS), 자금회수기간, 신규고객 유입률 |
| 고객 증가 | 고객 수, 신규고객 유입률, 고객유지비율, 기존 무료고객의 유료고객 전환, 비회원고객의 회원가입 전환율, 사이트 유입량 |
| 결제 비중 | 사이트 유입량, 가입자당 평균매출(ARPU), 유료가입자당 평균매출(ARPPU), 수익모델과 연관된 고객의 활동(메시지 전송, 예약건수, 특정 서비스 이용 등) |
| 활성 사용자 | 사이트 유입량, 수익모델과 연관된 고객의 활동비율 |
| 사용자 경험 | 사이트 유입량, 고객 조사 결과 |

(출처 : Choosing Your North Star Metric)[15]

여기서 기억해야 할 것은 하나의 서비스에서도 각 제품군마다 투입지표가 달라질 수 있다는 사실이다. 페이스북의 경우 '체류시간 증대'라는 공통의 핵심지표를 가지고 있지만, 페이스북 내 다양한 제품(메신저, 인스타그램, 페이스북 샵, 메타 비즈니스 도구 등)마다 각기 다른 투입지표를 설정해야 제품별 기능 고도화가 가능하다는 뜻이다. 이를 위해 지표의 영향 관계를 한 번 더 분류하게 되는데, 1단계의 투입지표를 동인지표(Driver Metric)라고 하고, 동인지표에 영향을 주는 2단계 투입지표를 보조지표(Supporting Metric)라고 한다. 이처럼 지표는 중요성과 상관관계에 따라 일정한 구조로 나누는데, 이를 '지표의 계층구조(Metric Hierarchy)'라고 한다.

**페이스북의 지표 계층구조**

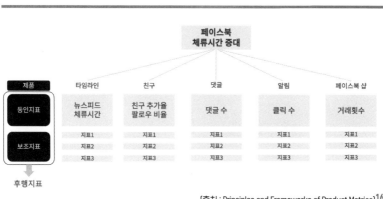

[출처 : Principles and Frameworks of Product Metrics][16]

### ③ 가드레일 지표

마지막으로 확인해야 하는 지표는 가드레일 지표다. 앞서 언급했던 핵심지표와 투입지표는 '서비스가 가장 이상적인 상태'임을 나타내기 위한 지표들이다. 매출이 핵심지표라면 구매전환율은 투입지표로, 유료 멤버십 서비스의 핵심지표를 구독자 수로 설정했다면 유료 멤버십 결제 전환율이 결정적인 투입지표가 되는 셈이다. 반대로 특정 기능을 개발했을 때 서비스 전체와 비즈니스에 나쁜 영향을 끼쳤는지를 판단할 수 있는 지표가 바로 가드레일 지표다. 한마디로 '이것만큼은 지켜야 한다'는 것을 말한다. 예를 들어 이커머스 서비스에서 구매전환을 위해 '기획전 페이지 바로가기' 버튼을 화면 곳곳에 넣었다고 가정해 보자. 구매전환율은 높아졌을 수 있지만 사용성이 떨어져 결국 재구매율은 떨어지는 결과를 초래할 수 있다. 이때의 가드레일 지표는 '재구매율'이 된다.

## 실전사례 분석하기

그럼 여기서 2021년 10월 '힙한 데이터의 비밀(힙데비)' 챌린지에 참여해 받았던 미션 중 하나인 인공지능 공부 앱 '콴다'의 데이터 분석 챌린지를 중심으로 지표를 더 이해해 보자.

### ① 콴다의 Critical Path 파악하기

AI 기반의 수학 문제풀이 앱 '콴다'는 국내 초중고 학생 3명 중 2명이 이용할 정도로 높은 사용자를 보유하고 있는 '초중고생의 필수 앱'이다. 콴다에서 사용자가 구독하기까지의 최적의 경로인 Critical Path는 '홈 - 문제 검색을 위한 카메라 켜기 - 촬영 후 문제 크롭 - 촬영된 문제 검색 - 검색 결과 노출 - 동영상 풀이 선택 - 구독 페이지 내 무료 체험 시작 -

(7일 후) 구독 시작'의 8단계로 이루어져 있다. 여기서 핵심 사용자 여정은 '문제 검색 - 문제 풀이 결과 조회 - 프리미엄 멤버십(동영상 풀이 무제한 이용, 광고 없는 검색, 명문대 선생 1:1 질문답변 등의 혜택 제공) 결제 유도'이다.

콴다의 서비스는 촬영을 통한 문제 검색을 어느 메뉴에서든지 쉽게 접근할 수 있도록 하고 있었으며, 사용자가 대부분 초중고생임을 감안해 유료결제 모델을 직접 노출시키지는 않았다. 이러한 상황에서 콴다의 비즈니스 미션은 '매출 극대화'였다.

### ② 지표 계층구조 만들기

콴다의 지표 계층구조를 그려보면 다음과 같다. 그림에서 보는 것과 같이 매출이라는 비즈니스 목표를 바탕으로 설정된 콴다의 핵심지표는 '구독자 수'인 것을 확인할 수 있다. 그리고 핵심지표에 가장 큰 영향

**수학 문제풀이 앱 '콴다'의 지표 계층구조**

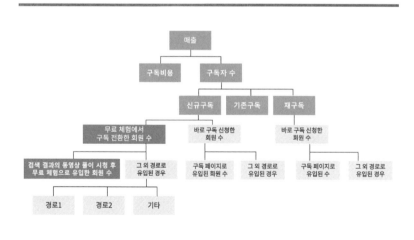

을 끼치는 투입지표는 전환율, 즉 무료체험 고객에서 유료 구독자로 전환 또는 동영상 풀이 시청 후 무료체험으로 유입한 구독자 수임을 알 수 있다. 단순히 고객 수, 구독자 수라는 큰 덩어리를 본 것이 아니라 구독자의 유형을 세분화한 것이다. 또한 매출로 직결되는 '구독 서비스 전환' 지점을 살펴 중요한 투입지표로 환원한 것이다. 따라서 콴다는 전환율(CVR, Conversion Rate) → 구독자 수 → 매출 증대라는 3가지 흐름에서 지표의 계층구조를 파악할 수 있다. 이때 가드레일 지표는 활성사용자지표(DAU, WAU, MAU)가 된다. 전환율을 높이기 위해 구독자 전환 페이지의 사용자 경험에만 집중해 자칫 다른 서비스의 사용성을 떨어트리면 활성사용자에게 악영향을 끼칠 수 있기 때문이다.

### ③ 지표를 통한 문제 해결하기

'데이터를 통해 어떻게 서비스를 개선하지?'라는 질문은 이 단계에서 결정된다. 우리는 콴다의 지표 계층구조를 통해 '전환율'이 가장 중요한 투입지표라는 것을 알 수 있었다. 물론 전환이 발생되는 모든 화면을 개발하기란 어렵다. 그렇다면 어떤 화면을 집중적으로 공략해야 할까? 전환율이 가장 낮은 화면을 공략하거나, 내가 개선하기 위한 TO-DO가 명확한 화면이나, 상대적으로 개선을 위한 활동이 적었던 화면을 개선하는 방법 등이 있다.

2021년 하반기, 콴다가 추가 투자유치 및 서비스 확장 계획을 앞두고 있던 상황에서 무엇보다 '신규 구독자 확보를 통한 매출 증대'에 대한 니즈가 있었고, 서비스 이용 경로 중 '검색 결과의 동영상 풀이 시청' 화면의 개선이 가장 우선순위가 높아 보였다. 이러한 상황에서 콴다의 서비스 개발팀은 동영상 풀이를 제공하는 문제의 양을 늘리거나 검색 결과 상단에 문제 해설이 아닌 영상이 노출될 수 있도록 하는 행동을 취했을 것이다. 다만 이것이 올바른 결정인지 판단하기 위한 근거가 필요하다. 이를 위해서는 가설 설정 및 검증 과정이 필요한데, 가설은 '검색 결과를 변경해 사용자에게 노출시키면 검색 결과 중 동영상 풀이가 존재할 때 더 많은 클릭이 일어나며, 무료체험 시작 n일 후 동영상 풀이 n회 이상 재생한 사용자의 증가로 인해 결국 유료 구독자도 증가하게 될 수 있다'로 설정해 볼 수 있다.

참고로 지표 계층구조에는 정답이 없다. 기획자마다 생각이 달라 또 다른 버전의 지표 계층구조가 나올 수 있다. 설사 같은 지표 계층구조를 바라보고 있다 하더라도, 이에 따른 문제해결 방식의 우선순위도 달라질 수 있다. 정답이 없는 만큼 이 책을 읽는 독자분들 또한 어떤 것을 가장 우선으로 두고 서비스를 개선해 나갈 수 있을지 나만의 지표 계층구조를 만들어 보는 연습을 해보도록 하자.

# 서비스의 실체를 알기 위한
# 앱 분석 방법

# 서비스 분석(앱 분석)

앞서 우리는 서비스 기획에 필요한 다양한 요소들을 살펴보았다. 비즈니스 모델부터 서비스 기획과 연관된 세부 직무, 그리고 서비스를 만드는 개발방법론과 성공 여부를 스스로 판단할 수 있는 지표까지…. 이정도면 어느 정도 서비스 하나를 만드는데 큰 문제는 없겠지만 한 가지 추가해야 할 것이 있다. 바로 '앱 분석'이다.

## 우리가 서비스를 분석해야 하는 이유

성공하는 서비스의 비결에는 몇 가지 특징이 있다. 비즈니스 기획을 통해 우리가 공략해야 할 타깃 고객을 면밀히 연구했다는 점, 타깃 고객의 심층분석과 이해, 데이터 분석을 통해 서비스 고도화를 이루어 제품 경쟁력을 확보했다는 점이다. 아울러 해당 제품들만의 사용자를 끌어당기기 위한 나름의 기준을 수립했다는 것이다. 그리고 그 기준은 다음과 같은 질문들을 통해 정리해 볼 수 있다.

- 디자인과 개발과정에서 사용자가 좋아할 만한 UX 라이팅 포인트는 어떤 것들이 있을까?
- 그게 왜 좋은 것이고, 기준과 근거는 무엇으로 말할 수 있을까?
- 어떤 지표를 통해 확인할 수 있는 걸까?
- 경쟁 앱들과는 어떻게 분석을 해야 할까?
- 우리는 언제 '최상'의 컨디션을 가진 서비스라고 말할 수 있을까?

이 질문에 대해 정해진 정답은 없다. 하지만 다양한 서비스를 이용해보면 정답의 조건에 맞는 기준들을 좀 더 빠르게 찾을 수 있다. 동일한 비즈니스 모델을 갖춘 서비스라면 핵심가치가 어떻게 다른지, 다른 산업군의 서비스라면 우리 서비스가 차용하면 좋을 만한 포인트를 연구하여 '나만 사용하기 좋았던 이유'에서 '모두가 사용하기 좋은 이유'로 확장되는 경험을 하게 된다. 이로써 기획자는 위의 질문에 대해 스스로 답해볼 수 있는 자신만의 관점을 확보할 수 있게 된다.

## 서비스 분석, 어떻게 시작할까?

3초 안에 자신의 머릿속에서 떠오르는 앱 3가지를 말해보자. 그리고 생각의 지체 없이 그 앱을 시작으로 앱 분석을 하면 된다. 앱 분석의 시작은 우리 생활에서 내가 가장 자주 쓰는 앱을 선택해 '왜'라는 질문을 하나씩 이어나가면 된다.

서비스 분석은 크게 탑다운 방식과 바텀업 방식의 2가지로 구분할 수 있다. 주식시장에서 주식 매수를 위한 분석을 할 때 시장의 분위기나 업종의 현황을 파악해 적합한 종목을 선정하거나(top-down), 특정기업의 주식이 가지고 있는 내재가치와 기업의 성장여력인 모멘텀을 보고 저평가주식을 매수하는(bottom-up) 방식으로 나눠볼 수 있다. 같은 원리로 서비스 분석 또한 본인이 분석하기 쉬운 대상부터 하나씩 접근해 나가면 된다. 이번 장에서는 앞에서 언급하지 않았던 버전 기록 확인, 서비스 정보구조도 분석과 UX/UI 분석법을 소개하고자 한다.

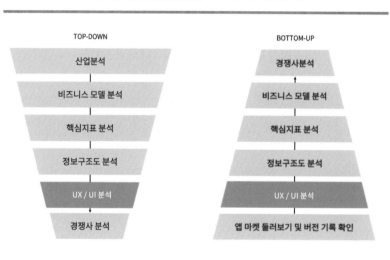

서비스 분석을 위한 방향 설정 TOP-DOWN vs BOTTOM-UP

# 서비스 분석의 방법

시중에 나와 있는 서비스 분석 서적이나 온라인 상의 아티클을 보면 수십 가지의 서비스 분석법이 존재한다. 서비스가 풀고자 하는 문제는 무엇인지, 서비스의 구조와 UX/UI는 무엇으로 구성되어 있는지 거꾸로 추적해 보는 '역기획'부터, 서비스의 목적과 디자인, 비즈니스 전략 등을 파헤쳐 보는 '앱크리틱', 서비스에 들어간 정보구조와 콘텐츠를 중심으로 하나씩 앱을 분석하는 방법까지 다양한 방법들이 있다. 이 책에서는 사전 지식이 없어도 누구나 서비스를 분석할 수 있는 방법을 제안하고자 한다.

## 앱 마켓을 통한 버전 기록 살펴보기

'분석'이란 단어가 주는 무게감으로 서비스 분석의 시작이 어렵게 느껴진다면 앱의 '버전 기록'을 먼저 확인해 보자. 버전 기록에서는 앱의 업데이트 사항을 확인할 수 있고, 서비스를 만드는 사람들의 개발과정을 함께 확인할 수 있다.

카카오톡의 공지사항　　　　　쿠팡플레이의 버전 기록

　참고로 모든 서비스들이 업데이트 내용을 자세히 기재해 두는 것은 아니다. 어떤 곳은 공란으로, 어떤 곳은 '서비스 개선 및 버그 수정' 정도로만 기재해 두기도 한다. 따라서 앱을 분석할 때에는 되도록 버전 기록이 상세하게 기록된 서비스를 찾아 분석 연습을 해보는 것을 권한다. 분석 방법은 다음과 같다.

　먼저 업데이트된 기능 부분을 캡처해 노트나 노션, SNS, 문서 파일 등에 저장한다. 그리고 캡처한 이유와 기능적으로 어떤 부분들이 달라졌는지를 기록한다. 그다음 WHY를 3번 던져보자. 첫 번째는 기존에

버전 기록의 업데이트 내용을 확인 후, 왜 이러한 기능을 업데이트했는지 역으로 추론해 보는 과정

ⓐ 업데이트된 기능 캡쳐

# 사진 공유와 편집, 이제 평범한 게 싫다면

친구에게 받은 사진, 어딘가 부족한 것 같다고요?

톡 안에서 내려받은 사진, 이제 간편하게
편집하고 친구에게 다시 전송할 수 있어요!

텍스트 입력에서 화살표 펜까지, 새로워진
카카오톡 이미지 편집기를 사용해보세요!

채팅방 내 사진을
즉석에서 수정 후 재전송

ⓑ 사용자의 기존 Pain point 유추

**기존에 불편했던 점은 뭐야?**

사진 수정 후 친구에게 보내려면
1. 사진 선택하고
2. 다운받고
3. 나에게 보내기 누른 후에
4. 사진 편집을 해서
5. 다시 내 앨범에 저장한 후에
6. 사진 보내기를 해야 했어.
카카오톡에서 즉시 수정/전송한다면
훨씬 사용하기 편할 것 같아.

ⓒ 개선 효과 유추

**그러면 무엇이 더 좋아질까?**

<사용자 관점>
평소 상상하던 걸 그대로 실현해 줬네.
사진 수정을 할 때 카카오의
사진 편집 기능을 자주 쓸 것 같아.

<서비스 개발팀 관점>
이탈율이 감소할 수 있을거야.
자신이 선호하는 사진 수정 앱을
이용하기 위해 카카오톡을
중간에 종료했을 테니까.
사진 편집 기능을 고도화해서
체류시간을 더 늘려야지

사용자가 느꼈을 불편함을 유추해 보는 것이다. 사용자의 입장이 되어 보거나 주변 지인들에게 문의를 구해 서비스의 만족도를 낮추는 요소가 되었던 것이 무엇이었는지 살펴보자. 두 번째로 그것이 왜 불편함을 주는지 한 번 더 탐구해 본다. 세 번째는 개선된(혹은 추가된) 기능이 사용자와 서비스 개발팀(기업)에게 각각 어떤 편익을 가져다 줄 수 있는지 유추해 본다.

여기까지만 작성해 봐도 간략한 서비스 분석의 구조를 정리해 볼 수 있다. 그리고 현업 기획자의 입장에서 좀 더 고민해 보고 싶다면 왜 지금까지는 그 기능이 개발되지 않았는지, 서비스를 계속 이용하게 만드는 다른 기능은 없었는지, 핵심지표는 무엇이기에 이번 기능을 추가한 것인지 등에 대해 더 생각해 볼 수 있다.

## 정보구조도를 쉽게 그리는 법

이번에는 좀 더 깊게 분석을 해보자. 서비스의 뼈대를 만들기 위해 기획자가 가장 먼저 작성하는 문서를 정보구조도(IA, Information Architecture)라고 한다. 정보구조도의 목적은 사용자가 원하는 정보를 빠르고 쉽게 접근하도록 서비스 내 정보를 유기적으로 구성하고 구조를 만드는 데 있다. 정보구조도를 그리다 보면 앱의 첫 화면의 구성은 어떤지, 하단 바 메뉴는 몇 개로 구성되어 있는지, 메뉴를 누르면 어디로 넘어가고 무엇이 나오는지 등 서비스의 기능에 대한 전반적인 배치를 알 수 있다. 이를 통해 사용자가 서비스 내에서 기능들에 도달하기까지 불편함은 없는지, 이용 목적을 느낄 수 있는지를 평가해 볼 수 있다.

그럼 이제 서비스 론칭부터 특정 이벤트가 있을 때마다 이슈 몰이를 했던 카카오뱅크 앱을 토대로 정보구조도를 그려보자.

### ① 덮어놓고 적어보기

다음은 필자가 이용하고 있는 카카오뱅크의 다양한 상품들이다. 신규회원 가입 화면을 제외하고 각각의 메뉴마다 서비스가 어떻게 이루어지고 있는지 한눈에 볼 수 있다. 서비스에서 제공하고 있는 정보를 기준으로 마인드맵을 그리듯 하나씩 나열해 보자. 깊게 생각하지 말고 진입경로별로 적으면 된다. 노트에 적어도 좋고, 엑셀을 이용해도 좋고, 알마인드 등 본인이 구조를 표현하기에 가장 좋은 수단을 선택하면 된다.

## 카카오뱅크 앱을 켜자마자 보이는 화면 구성, 버전 2.8.3 기준

## 카카오뱅크 앱의 정보구조도

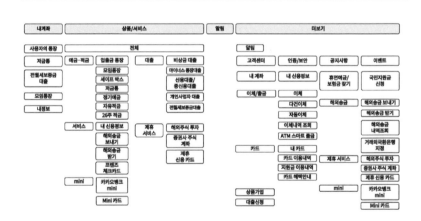

'이미 모두의 은행'이라는 슬로건에 맞게 내가 보유한 계좌와 이용할 수 있는
상품과 서비스를 한눈에 볼 수 있도록 한 구조가 인상적이다.

## ② 정보 분류해 보기

정보들을 나열했다면 이제 정보를 정렬해 보자. 앱 진입 후 바로 보이는 정보는 어떤 것인지(1Depth), 버튼을 한 번 눌러야 보이는 메뉴는 무엇인지(2Depth), 이 버튼은 저 메뉴에서도 보았던 중복되는 메뉴인지 등 경로를 함께 파악해 보자. 참고로 Depth란 몇 번 클릭, 몇 번 터치로 해당 메뉴로 들어갈 수 있는지를 뜻한다.

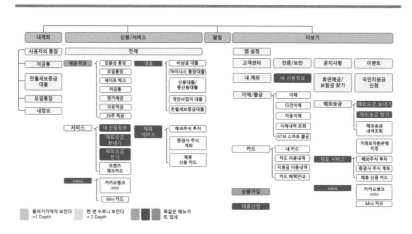

앱을 정렬해 보면 카카오뱅크가 Depth를 최소화한 상태에서 사용자에게 은행 서비스의 모든 정보를 제공하는데 심혈을 기울인 것을 알 수 있다.

## ③ 엑셀로 정리해 보기

마지막으로 정보들을 문서로 정리해 보자. 간략한 정보를 제공하기 위해 Depth는 3단계까지만 작성했다. 여러분도 정보구조도를 작성하다 보면 알 수 있겠지만 좋은 서비스는 3Depth를 벗어나는 경우가 흔치 않다. Depth를 줄이고 정보를 최소화하는 것이 좋은 서비스라는 것을 알 수 있다.

## 내 마음대로 작성해 보는 정보구조도(IA)

| 분류 | Depth1 | Depth2 | Depth3 | UI | 기능 |
|---|---|---|---|---|---|
| 메인 | 내계좌 | 사용자의 통장 | | Mega Menu | 보유대표 계좌 노출 |
| | | 저금통 | | | 가입상품1 |
| | | 대출상품 | | | 가입상품2 |
| | | 모임통장 | | | 가입상품3 |
| | | 내정보 | | | 회원정보변경 |
| GNB (최상단 노출 메뉴) | 상품/서비스 | 전체 | | Mega Menu (아코디언 구성) | 광고구좌 노출 (인디케이터) |
| | | 예금/적금 | 입출금통장 | | PDP (상품상세 안내) |
| | | | 모임통장 | | |
| | | | 세이프박스 | | |
| | | | 저금통 | | |
| | | | 정기예금 | | |
| | | | 자유적금 | | |
| | | | 26주적금 | | |
| | | 대출상품 | 비상금대출 | | PDP (상품상세 안내) |
| | | | 마이너스 통장 대출 | | |
| | | | 신용대출/중신용대출 | | |
| | | | 개인사업자 대출 | | |
| | | | 전월세보증금대출 | | |
| | | 서비스 | 내 신용정보 | | 반응형 UI적용 |
| | | | 해외송금 보내기 | | PDP (상품상세 안내) |
| | | | 해외송금 받기 | | |
| | | | 프렌즈 체크카드 | | |
| | | 제휴서비스 | 해외주식 투자 | | PDP (상품상세 안내) |
| | | | 증권사 주식 계좌 | | |
| | | | 제휴 신용카드 | | |
| | | mini | 카카오뱅크 mini | | PDP (상품상세 안내) |
| | | | Mini 카드 | | |

* GNB : Global Navigation Bar, 네비게이션 바 (웹 또는 모바일 내 가장 상/하단에 위치한 대표 메뉴바)

# 현직 기획자의 생각

"정보구조도를 작성하는 것은 모든 기획자의 숙명인가요? 그런데 작성하다 틀리면 어떻게 하나요?"

모든 기획자가 정보구조도를 작성하지는 않습니다. 이미 기업에 입사해 어드민을 기획하는 기획자라면 기존 서비스 운영 및 고도화가 주 업무가 되기 때문입니다. 하지만 평소 정보구조도를 작성해 보는 시간을 가진다면 기존 서비스의 구조를 파악하는 동시에 어떤 부분이 불편했는지 파악할 수 있기에 되도록 작성을 권하는 편입니다.

다만 예비 기획자들은 꼭 정보구조도를 그려보기를 권합니다. 단순히 Depth를 파악하는 것을 넘어 기능이 어떻게 묶여 있는지, 콘텐츠가 표현되는 방식은 어떤 것인지 등을 쉽게 파악할 수 있어 예비 기획자들에게는 필수작업입니다. 그리고 예비 기획자들이 특히 유의해야 할 점은 혹여 첨삭해 줄 사람이 없어 정보구조도를 그려봐야 무슨 소용이냐고 생각하는데, 이는 큰 오산입니다. 서비스를 분석하는 과정에서 정보구조도를 그리고, 이를 자신의 SNS 채널에 올리거나 주변 지인들에게 정답 유무와 관계없이 피드백을 받아보기 바랍니다. 정보구조도를 그리는 방법에는 정석이 없습니다. 그저 왜 그렇게 그렸는지 본인의 이유만 논리적이면 됩니다.

— 군포 어깨왕(OTT 서비스 기획)

## 3

# UI/UX 상세 분석

서비스를 이용할 때 '이 서비스 참 괜찮다'라는 생각이 드는 서비스가 있었을 것이다. 사람마다 느끼는 포인트는 각자 다르겠지만 다음의 3가지 영역만큼은 사용자가 즉각적인 반응을 보이기 때문에 유심히 살펴볼 필요가 있다.

### 온보딩 – 첫인상의 법칙은 서비스에도 적용된다

첫 만남 5초 안에 사람의 인상이 결정된다는 말은 서비스에도 동일하게 적용된다. 온보딩은 새로운 유저에게 우리의 서비스를 이용해야 할 이유를 제공해 회원가입을 넘어 꾸준히 서비스를 이용하는 사용자로 만드는 과정을 의미한다. 대개 사람들은 3~7일 이내에 자신이 다운받은 앱을 계속 사용할지 결정한다고 하는데, 사용자가 서비스를 만나는 순간부터 회원가입을 하고 서비스를 지속적으로 이용할지 결정하는 첫 관문이라고 할 수 있다.

## 회원가입과 온보딩의 차이

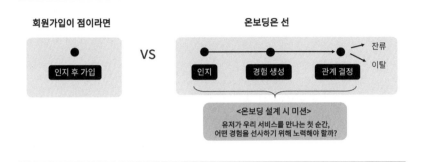

회원가입이 점이라면

● 인지 후 가입

VS

온보딩은 선

● 인지 ● 경험 생성 ● 관계 결정 → 잔류 / 이탈

<온보딩 설계 시 미션>
유저가 우리 서비스를 만나는 첫 순간,
어떤 경험을 선사하기 위해 노력해야 할까?

## 회원가입 후 얻게 될 혜택을 노출해 온보딩 과정을 설계한 오일나우[17]

| 회원가입을 먼저 유도하지 않고 사용자의 AHA 모먼트와 연관된 핵심 질문 제공 | 사용자가 직접 질문에 답할 수 있는 반응형 UI 적용 | 사용자의 문제를 해결해 줄 수 있음을 시각적으로 표현하고 바로 가입 유도 | 회원가입 없이 오일나우의 기능을 둘러 보게 함 |

*AHA 모먼트 : 제품의 핵심가치를 경험하게 되는 첫 번째 순간

[출처 : 오일나우 팀 블로그]

온보딩의 우수사례로는 주유소 찾기 앱 '오일나우'가 있다. 우선 타깃 고객이 불편해 할 질문을 던져 고객이 스스로 답하도록 했고, 반응형 UI 를 통해 즉각적인 대안을 제공함으로써 '이 앱이 기름값을 줄여줄 수 있는 뭔가를 제공하고 있구나'리는 인식을 심어주었다. 오일나우의 이러한 온보딩 설계 결과, 신규 가입 유저가 무려 235%나 증가했다고 한다 (2021년 기준). 이처럼 여러분이 앱을 분석할 때에는 초기 가입과정을 유심히 살펴보기를 바란다.

## 검색 – 매출을 결정짓는 첫 번째 관문

효과적인 검색 서비스 기획은 고객이 원하는 검색 결과를 더 빠르게 얻을 수 있도록 돕는 것이다. 사용자가 빠르고 정확한 검색 결과를 얻게 된다는 것은 서비스의 수익모델에 기여하는 활동(제품 구매, 광고 보기 등) 을 하는 것과 직결된다고 할 수 있다.

다음의 사례는 동일 검색어에 대한 Hmall, 쿠팡, SSG의 각기 다른 검색 결과를 보여주고 있다. 쿠팡과 SSG는 검색어 입력 후 연관 키워드 (ⓐ)를 제공하고 있다. 검색 결과 별도 노출(ⓑ)의 경우 Hmall은 해당 키워드에서 많이 본 상품을 노출하고, 쿠팡은 쿠팡 랭킹 제품을 우선 노출하며, SSG는 광고상품을 노출하고 있다. 상품 조회 결과 노출(ⓒ)의 경우 Hmall은 카드 프로모션 할인율을 노출하고 있고, 쿠팡과 SSG는 100g당 가격을 노출하고 있다.

이처럼 분명 비슷할 것 같지만, 어떤 검색 결과가 사용자에게 상품을

## 같은 검색어로 검색해 본 이커머스 앱 3종 비교

| Hmall | 쿠팡 | SSG |

## 같은 검색어로 검색해 본 배달 서비스 앱 3종 비교

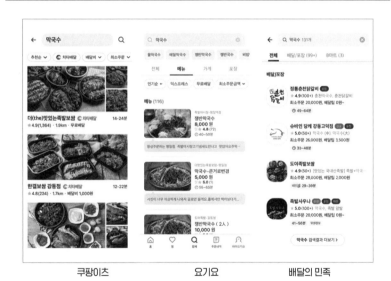

| 쿠팡이츠 | 요기요 | 배달의 민족 |

막국수 검색 결과
(쿠팡이츠 : 메뉴 사진 + 상호명 + 치타 배달 여부 / 요기요 : 메뉴 사진 + 메뉴명 / 배달의 민족 : 상호명)

더 클릭하게 하고 싶은지는 여러분의 판단에 맞긴다.

마찬가지로 배달 경쟁업체 3곳의 서비스에서 같은 검색어를 입력해 봐도 역시 다른 결과를 보여주고 있다.

## UX Writing - 복잡하지 않고 쉽게

UX 라이팅은 단순 글쓰기를 넘어 사용자의 행동을 이끌어 내는 동시에 브랜드가 추구하는 메시지를 체험할 수 있는 긍정적인 경험 경로를 만들어 내는데 매우 중요한 작업이다. 이 때문에 최근 서비스에서는 마치 친구와 대화하거나 상담사가 친절히 안내해 주는 것과 같은 단어와 문장들을 쉽게 볼 수 있다.

이해가 되지 않았던 부분은 쉽게, 고객의 행동을 요구하는 부분에서는 상세하게, 사전에 정보를 미리 제공해 고객의 더 나은 경험을 제공할 수 있는 부분은 객관적인 수치(요일)를 제공해 문장으로 작성했는지 검토해 봐야 한다.

먼저 다음의 그림에서는 원룸만들기와 세탁특공대, 왓챠의 사례를 확인해 볼 수 있다. 원룸만들기의 경우 주요 고객이 자취생임을 감안해 친근하고 재치있는 톤앤매너를 유지하고 있다. 세탁특공대는 온보딩 단계에서 미리 입력받은 고객의 배송지 정보를 토대로 홈 메인화면에서 세탁 신청 시 예상 배송일을 안내하고 있다. 이를 통해 고객에게 '빠른 배송'이 가능하다는 서비스의 핵심가치를 전달하고 있다. 왓챠는 친구 초대 시 무료 회원권 이벤트를 코치 마크를 통해 한 번 더 상기시키

## 원룸만들기와 세탁특공대, 왓챠의 UX 라이팅 사례

| 카카오톡을 통해 가입 후 송신된 문자에서도 '원룸만들기'의 톤앤매너를 그대로 확인할 수 있다 | '있습다' '문의주세여!' '쉽니다ㅏㅠㅠ' 등 젊은 자취생 고객의 말투를 그대로 차용한 '원룸만들기' | 익일 배송불가지역이지만 금일 기준 예상배송일을 노출해 사용자의 서비스 이용을 돕는 '세탁특공대' | 친구 초대 시 무료회원권 이용이 2주 연장된다는 것을 코치마크를 통해 알려주는 '왓챠' |

---

고 있다. 딱딱한 이벤트 정보 문구 대신 마치 새로운 문자 알림이 온 듯한 분위기를 연출해 사용자의 클릭을 유도하는 전략이다.

자산 내역을 보여주는 핀테크 서비스인 네이버페이, 토스, 뱅크샐러드는 같은 기능이지만 사용자가 '어떤 정보를 가장 먼저 궁금해할까'라는 질문을 서로 다른 방식으로 풀어내고 있다.

우선 토스와 뱅크샐러드의 경우 사용자가 보유하고 있는 계좌 및 잔고 현황을 그대로 노출하고 있다. 하지만 네이버페이는 이러한 점에서 사용자의 선택권이 없다고 파악했다. 가령 최근 수입이 없어 통장 잔고가 적은 사용자의 경우 자산관리 서비스를 실행하는 것 자체가 고객에게 '죄책감'을 주어 서비스에 들어오지 않는 불상사가 생길 수 있다. 네이버페이는 이를 캐치해 오늘 입금된 돈만 볼 수 있는 별도 조회 기능을

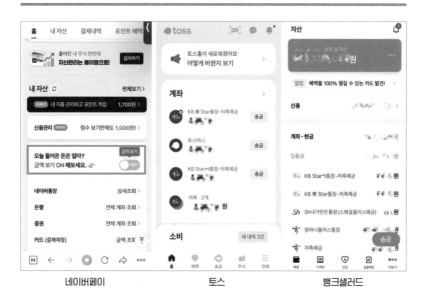

네이버페이                 토스                 뱅크샐러드

'오늘 들어온 돈은 얼마'라는 문구를 통해
'자산현황 조회는 돈이 들어오는 기쁨을 확인하는 순간'이란 경험으로 치환하는 네이버페이

신설하고, 친근한 UX 라이팅으로 '오늘 들어온 돈은 얼마?'로 풀어내 기
능 사용을 유도하고 있다.

· · ·

지금까지 서비스를 분석하는 방법에 대해 함께 알아보았다. 이러한
서비스 분석의 A to Z를 도식화해 보면 다음과 같다.

5가지의 핵심 체크리스트 중 여러분이 가장 접근하기 쉬운 것부터
선택해 분석을 이어가면 된다. 여기서 중요한 것은 전문용어에 주눅들

## 서비스를 입체적으로 분석하기 위한 5가지 핵심 체크리스트[18]

☐ **서비스의 비즈니스 모델 분석은 어떠셨나요?**
└─ 핵심가치(value proposition), 주 사용자, 해결하려는 문제 등

☐ **그런 비즈니스 모델을 구현하기 위해 서비스의 구조는 잘 짜여졌나요?**
└─ 정보구조도(IA, Information Architecture) 분석
ex) Depth가 너무 깊어요, GNB 메뉴로 왜 이게?, 동선이 복잡했던 부분은?

☐ **UI/UX 분석하기**

**필수**
☐ 온보딩 과정의 첫인상은 만족스러웠나요?
☐ 검색을 통해 만족할 만한 결과를 조회했나요?
☐ UX Writing에서 고객에게 쉽고 친근하며 행동을 유발할 요소를 발견했나요?

**선택**
☐ 직관적이고 일관된 그래픽을 사용하고 있나요? (일러스트 등)
☐ 특정 기능의 사용자 이용 플로우가 자연스러웠나요?
☐ UX Writing에서 충분한 정보가 제공되고 있다는 것을 느끼셨나요?
☐ 폰트, 폰트 크기, 라인 스페이싱 등의 가독성은 어땠나요?

☐ **핵심지표 분석**
└─ 이 서비스의 핵심지표는?

☐ **경쟁사 분석**

---

지 않아야 한다는 것이다. 서비스를 분석하는 초반에는 전문 UX 용어나 서비스 기획과 관련된 용어에 익숙하지 않을 수 있다. 하지만 이는 너무나 당연한 일이다. 그러니 용어 때문에 분석을 멈추지 말고, 자신만의 단어로 표현한 뒤, 관련된 유사분석 사례를 찾아보며 용어의 간극을 메꿔가는 것이 분석의 흐름을 끊지 않고 실력을 쌓아가는 방법이다.

# PART
# 3

# 협업에서
# 인정받는
# 기획자가
# 되는 법

# 고객의 생각을 읽는 방법
# - UX 리서치

# UX 리서치, 고객에게 다가가는 활동

## 좋은 서비스의 기준은 '사용성'

Part 2에서 UX 리서치는 사용자 관점에서 제품을 사용하는 동기와 행위를 이해하기 위한 탐구과정으로, 고객의 '진짜 문제'를 정의하는 것이라고 설명했다. 그런데 여기서 한 가지 궁금증이 생긴다. 문제를 해결해 도출되는 '좋은 서비스'의 기준은 과연 무엇일까?

그건 아마도 원하는 기능을 쉽고 빠르게 찾아 이용함으로써 그 서비스 덕에 평소 가려웠던 부분을 잘 긁어줄 수 있는 서비스를 말할 것이다. 여기서 '쉽고 빠르게'를 일컬어 사용하기 쉬운 정도, 즉 사용성이라고 말한다. 사용자가 서비스를 처음 접했을 때 이용하기 편한지, 서비스를 한 번 훑은 후 본인이 원하는 기능을 빠르게 수행할 수 있는지, 사용자가 오랫동안 사용하지 않다가 다시 돌아와도 능숙하게 쓸 수 있는지, 에러가 발생하더라도 빠르게 복구가 되는지 등을 '사용성'[19]이라고 할 수 있다. 다만 이때 아무리 좋은 기능과 서비스를 제공하고 있다 하더라도 그 기능들이 사용자와의 상호작용에서 나쁜 경험을 만들고 있다면 실패한 서비스가 될 수 있다.

## UX 리서치의 등장 배경

가령 음악 서비스 앱에서 지난주 대비 가입자가 감소했다고 가정해보자. 특별하게 진행하는 프로모션이나 가격할인 이벤트 등의 변수도 없었고, CS의 이슈도 없었다. 그런데 내부에서 확인할 수 있는 지표에서는 회원가입까지 다다르는 '취향 선택' 화면에서 급격하게 이탈률이 생기는 현상을 발견했다. 이런 상황이라면 기획자는 고객에게 제안하는 취향 키워드의 문제인지, 아니면 화면 디자인의 문제인지, 회원가입의 프로세스가 너무 불편하지는 않은지 등 다양한 가설을 세우게 된다. 하지만 지표를 통해 확인한 문제를 가지고 정확한 문제의 원인을 찾기란 쉽지 않다. 그저 가설이라고 세웠을 뿐 고객의 평소 생각까지 들여다볼 수는 없다. 이럴 때 'UX 리서치'가 구세주로 등장했다.

평소 어떤 음악을 소비했는지, 음악을 소비하는 방식은 어땠는지, 얼마나 자주 서비스를 사용하는지, 지난주에 런칭한 특정 기능은 써보았는지, 사용했다면 어떤 부분에서 불편했는지 등 서비스를 둘러싼 고객들의 서비스 이용 맥락을 파악해 '사용성'을 개선하는데 목적을 두는 것이 UX 리서치의 등장 배경이라 할 수 있다. 그리고 이러한 UX 리서치는 서비스와 사용자 간의 상호작용은 물론 서비스를 둘러싼 사용자의 일상을 들여다보기 위한 도구로 사용된다.

# 2

# UX 리서치 단계별 조사방법론

 

리서치는 목적과 용도에 맞는 방법론을 고르는 것이 중요하다. 사용자에 대한 특성을 파악하고 행동패턴을 분석하기 위한 '정성적 방법론'과 사용자가 왜 그런 행동을 하는지 이용 동기를 파악하기 위한 '정량적 방법론'으로 나눌 수 있다. 이 책에서는 기획자의 관점에서 서비스 기획 단계에 UX 리서치가 어떻게 적용되고 단계마다 수반되는 조사방법론[20]에는 어떤 것들이 있는지 함께 살펴보고자 한다.

 

## STEP 1) 이해와 공감

첫 번째 단계는 '이해'이다. 리서치는 보통 의뢰자(현업부서의 요청 또는 UX 리서처 본인)의 요청으로 시작된다. 이때 의뢰자(리서처)의 궁금한 점과 해결해야 할 점, 기존에 의뢰자가 조사한 내용들을 인계받아 궁극적으로 어떤 결과물을 도출할지 미리 정하게 된다. 이 과정에서 UX 리서처는 '공감'의 자세를 가져야 한다. 리서치의 방법이 정해지면 현업부서의 요구사항과 함께 전달된 고객의 이슈를 파악하기 위해 고객 피드백

(VoC 채널에 접수된 의견 확인), 이해관계자 인터뷰(요청을 준 현업부서 또는 그 외), 사용자 인터뷰(고객 또는 잠재고객), 설문조사 등을 진행한다. 이때 함께 수반되어야 할 것이 유저들과 만나 얻은 생생한 정보를 토대로 서비스의 전체 과정 중 어디서 문제가 발생하는지 규명하는 것이다.

## STEP 2) 탐험과 테스트

두 번째는 '탐험'과 '테스트'이다. 기획자는 수집된 사용자 의견을 바탕으로 데이터 분석과 해석을 진행한다. 이후 빠르게 사용자의 니즈를 만족시킬 수 있도록 아이데이션과 프로토타입 과정을 거쳐 사용자의 반응을 한 번 더 살핀다. 조사방법론으로는 카드 소팅(서로 관련 있는 정보들을 사용자에게 직접 구성하도록 하여 정보구조도를 짜거나 유사도 높은 정보의 층위를 만들 때 유리), 페이퍼 프로토타입(종이에 직접 프로토타입을 그려 사용자의 반응을 확인)의 과정을 거치게 된다. 이후 기능상의 취약점과 문제점을 확인해 최종 서비스 개선에 반영하도록 한다.

## STEP 3) 모니터링

마지막은 '모니터링'이다. 리서치의 결과를 수용해 제품이 출시되거나 고도화되었다고 하더라도 의뢰인과 협의한 결과지표가 개선되었는지, 로그 데이터에는 어떤 변화가 있었는지를 함께 확인해야 한다. 이때

A/B테스트(다른 버전의 제품을 서로 다른 사용자가 사용하고, 어떤 버전에서 사용자가 기획자가 의도한 목표에 더 근접한지 확인하는 방법) 등의 조사방법론을 통해 서비스 출시 이후에도 사용자의 반응을 끊임없이 살펴봐야 한다.

# UX 리서치 실전 익히기

이번에는 UX 리서치 조사방법론 중 사용자 인터뷰를 이용한 실제 개선사례를 살펴보자.[21] 사용자 인터뷰의 과정은 다음과 같다.

| 인터뷰 준비 및 진행 | 인터뷰 종료 후 |
| --- | --- |
| 1. 인터뷰 목적 설정 | 1. 인터뷰 결과 정리 |
| 2. 가설 설정(내부 데이터 확인 등) | 2. 내용 공유 |
| 3. 인터뷰이 섭외 | |
| 4. 인터뷰 질문지 작성 | |

## STEP 1) 인터뷰 목적 설정

먼저 인터뷰의 목적을 설정한다. 서비스를 개시하기에 앞서 사용자의 니즈를 파악하기 위한 '탐험적 조사'인지, 아니면 이미 론칭된 서비스의 기능을 고도화시키기 위한 '이슈 탐색형 조사'인지 먼저 목적을 명확히 설정한다. 여기서 다뤄볼 사례는 후자에 해당한다.

한 이커머스사의 1:1 웹 문의의 고객만족도가 평균 2.0점(5점 만점)을 기록하고 있었습니다. 웹 문의 평가는 고객이 남긴 문의사항에 대한 상담사의 답변내용을 평가하는 방식입니다. 문제는 이 만족도 점수가 상담사의 실적평가로도 귀속된다는 점입니다. 이 때문에 지난 1년간은 '상담사의 역량 강화'에 초점을 맞추어 업무 개선활동을 진행해 왔습니다. 상품 카테고리별, 상담 유형별로 만족도 점수 유형을 분류해 응대 교육자료를 만들었고, 답변 스크립트도 매뉴얼로 만들어 배포했습니다. 그런데도 결과는 그리 나아지지 않았습니다. 이에 상담사 답변 이외에 평점에 영향을 주는 요소가 있는지 확인하기 위해 사용자 인터뷰를 진행했습니다.

## STEP 2) 가설 설정

먼저 고객이 기존에 남긴 기타 의견의 내용을 살펴보면 '배송이 불편했어요' '문의한 내용이 정확하게 답변되지 않았어요' '시스템 오류가 발생해 결제에 장애를 먹었습니다. 개선해 주세요' 등의 의견이 많았다. 하지만 이러한 의견들이 상담사만의 문제라고 하기에는 무리가 있었다. 이로 인해 고객의 특성에 따라 다른 점수를 주지는 않았을까 고민하며 고객별 문의 접수 비중, 충성고객 정도(주문건수 비중, 취소/반품 교환횟수 비중), 상품 구매유형별 비중(일반상품, 무형상품 등), 주문 인입 비중(웹, 앱) 등으로도 살펴보았지만 뾰족한 묘수가 나오지 않았다.

한 가지 분명했던 것은 만족도 평가가 상담사 평가로만 활용되고 있는 건 아니었다는 점이다. 배송, 서비스, 물류, 상품 등 각양각색의 기타 의견이 있다는 것을 심심치 않게 볼 수 있었기 때문에 상담사 평가만이 아니라 쇼핑 전체 경험에 대한 평가로 활용되고 있었다. 또한 이상하리만큼 1:1 웹 문의 채널의 재인입율(문의 채널 구분 없이 동일 주문번호로 30일 이내에 같은 문의를 2회 이상 남긴 비중)이 다른 문의 채널에 비해 높았다. 이 경우 답변에 이상은 없었지만 만족도 평가를 낮게 받은 케이스들을 확인해 본 결과 답변 안내 과정에 문제가 있다는 것을 알 수 있었다.

현재의 방법은 고객이 문의를 남기고 그에 대한 답변을 하면 상담완료 단계로 넘어가게 되어 있었다. 한 번에 답변이 완료되지 않는 것들도 있었을 테고, 답변이 되었다 하더라도 고객의 궁금증이 해결되지 않았을 수 있는데도 그것과 상관없이 무작정 '상담완료' 단계로 넘어가고 있었던 것이다. 그러다 보니 다른 채널보다 웹 문의를 통한 재문의 비율이 높을 수밖에 없었다. 만족도 점수를 개선하려던 찰나에 이게 재문의 비율까지 연결되어 있다는 것을 알게 된 것이다. 그래서 이를 해결하기 위해 가정과 가설을 설정해 보았다.

## 실험을 위해 설계한 가정과 가설

1  **가정(사실이라고 믿는 추측 혹은 가정)**

   ① 고객들은 쇼핑 경험에 대한 만족, 불만족을 표현하고 싶어한다.

   ② 고객들은 문의사항이 해결되지 않을 경우 계속해서 문의를 남긴다. 이 과정에서 불만 정도가 증가한다.

2  **가설(그 추측을 실험으로 반증 가능하게 만든 진술)**

   ① 만족도 평가 항목을 상담사 만족도와 쇼핑 경험 만족도로 분리할 경우, 상담사 만족도 평점이 기존 대비 10% 이상 개선될 것이다.

② 고객의 문의사항이 한 번에 안내될 수 있는 것과 2회 이상 안내가 필요한 경우의 답변을 분리해 답변을 노출한다면 재문의 비율이 5% 이상 개선될 것이다.

혹시나 싶어 경쟁사들의 웹 답변 구조도 살펴보았지만 크게 다르지 않았다. 채팅 상담처럼 실시간으로 답변을 받는 구조가 아닌 1:1 웹 문의의 특성상 고객이 정말로 답변에 만족했는지는 알 수가 없었다. 그래서 '어쩌면 우리가 동종업계보다 좀 더 친절한 1:1 문의체계를 만들 수 있겠구나'라는 들뜬 생각으로 조사를 계속하며 설계해 나갔다.

**다양한 쇼핑몰의 1:1 웹 문의 채널**

h패션몰                                    한스타일

가설을 수립한 후 아이데이션과 프로토타입을 만들어 보았다. 먼저 1:1 웹 문의 만족도 평가 프론트 화면을 개선해 보았다.

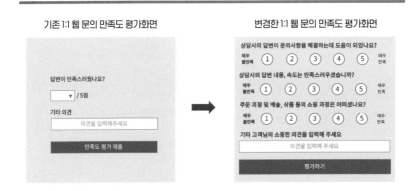

기존 1:1 웹 문의 만족도 평가화면 / 변경한 1:1 웹 문의 만족도 평가화면

답변 평가 유형이 단일화되어 있던 기존 화면과 달리 개선된 화면에서는 상담사의 상담 응대 정도를 평가할 수 있는 문항과 쇼핑 전반의 경험을 확인할 수 있는 평가문항으로 세분화하도록 조정했다.

또한 문의 접수 → 답변 완료로 이루어진 기존의 답변 노출 프로세스

### 답변 노출 프로세스

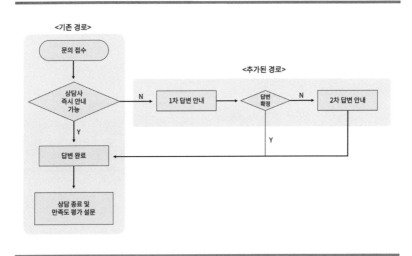

를 바꿔 고객이 직접 '답변 확정' 버튼 클릭 여부에 따라 2차 답변 안내가 나갈 수 있도록 프로세스를 변경해 보았다. 그리고 이렇게 최소한의 기능을 수정한 것을 바탕으로 인터뷰를 진행하기로 했다.

## STEP 3) 인터뷰이 섭외

다음으로 인터뷰이를 섭외한다. 설정한 가설을 가장 효과적으로 검증하기 위해 최적의 사용자를 선정해야 하는데, 서비스 기획자는 그 기준을 다음과 같이 정했다.

1) 최근 3개월간 월평균 주문금액이 n만원 이상 또는 고객등급(주문액 기준) n등급 이상

2) 최근 3개월간 월평균 1:1 문의를 2건 이상 남긴 고객

3) 최근 3개월간 동일 주문번호에 동일 문의 유형으로 다시 문의를 1회 이상 남긴 고객

주문액을 조건값으로 둔 이유는 해당 이커머스사의 서비스를 어느 정도 이용한 고객들이어야 만족도와 불만을 표출할 여지가 더 많다고 생각했기 때문이다. 아울러 1:1 문의 채널의 활용을 잘할 줄 아는 고객과 대면하기 위해 2번과 3번의 조건을 함께 두었다.

## STEP 4) 질문지 작성

앞서 작성한 플로우차트를 질문지와 결합할 경우 서비스 이용과정의 각 단계별 니즈와 문제점을 파악하기 쉬워 효과적인 인사이트 도출이 가능하다. 이 경우 단순히 가설을 설정할 때 세운 핵심문제뿐만 아니라 문제가 발생하게 된 고객의 전후 경험을 총체적으로 파악할 수 있어 근본적인 기능 개선이 가능하다.

여기에 덧붙인 필수 문답 키트는 상세 질문지를 구성할 때 '예 또는 아니요'로 대답이 끝나지 않는 '열린 질문'을 만드는데 유용한 도구이다. 서비스 이용에 대한 사전 경험 정도를 파악할 수 있는 '빈도 및 소요시간'과 '빈도부사', 타사에서도 유사한 경험이 있는지 비교할 수 있는 '유

**서비스의 사용 여정지도와 필수 문답 키트로 구성한 질문 예시**

**A**
· 웹 문의는 주로 언제 이용하는가? 다른 채널 대비 웹 문의를 이용하는 이유는?
· 타사의 웹 문의를 이용해 본 경험은? 가장 최근 웹 문의 이용 경험? 접수 전후 하는 행동은?

**B**
· 본인이 직접 처리할 수 있음에도 웹 문의를 사용하는 이유는? 상담사의 처리 시간은?
· 상담사 안내 전 기대하는 것이 있는가? 상담사가 즉시 답변할 수 없다면 그 이유는?

**C**
· 답변의 내용은 시기적절하게 제공되었는가? 충분한 양과 함께 제공되었는가?
· 타사의 웹 문의 답변과의 차이는 어땠는가? 문제를 해결하기 위해 취한 행동은 무엇인가?

**D**
· 만족스러운 답변의 기준은? 가장 최근에 낮게 평가한 만족도와 높게 평가한 만족도 점수의
  차이는 무엇이었는가? 만족도를 평가하는 UI는 어땠는가? 만족도 평가에 걸리는 시간은?

**E**
· 새로운 프로세스에 대한 생각? 시안 중 어떤 것이 마음에 드는가? 만약 본인에게
  요술봉이 주어진다면 무엇을 하고 싶은가? 새로운 프로세스에 따라 무엇이 달라질 것인가?

실제 고객과 인터뷰를 진행할 때에는 '가벼운 주제부터 무거운 주제'로 질문을 이어가는 것이 좋다.

사경험', 고객이 이러한 서비스를 이용하는 데 들인 노력 정도를 파악할 수 있는 '비용', 그럼에도 이 기능을 현재 쓸 수밖에 없는 이유를 파악할 수 있는 '사용 이유', 사용하면서 겪었던 불편함과 고객 입장에서 원인을 파악한 '문제점과 발생 이유', 서비스를 이용하면서 겪었던 고객의 '반응(긍정, 부정)', 그리고 어떠한 제한조건도 없이 이상적인 서비스를 만든다면 무엇을 할 것인지 고객의 의견을 들어보는 '요술봉'[22]까지 총 8개의 키트로 구성되어 있다.

약 50분 정도의 인터뷰 시간에서 조사자는 2가지를 조심해야 한다. 먼저 유도질문은 최대한 자제해야 한다. '~라는 것에 동의/동의하지 않으신가요?' '만약 ~라면 …' '~라고 생각하지 않으세요?' 등 사고의 폭을 좁히는 질문은 피해야 한다. 또한 새로운 제안을 하는 고객을 조심해야 한다. UX 리서치는 새로운 기능을 발견하기 위함이 아닌 '문제의 배경과 이에 대한 고객의 생각'을 알아보기 위함이 주목적이다. 따라서 고객이 새로운 기능을 제안한다면 인터뷰어는 그 기능이 있으면 좋은 이유, 구현되었으면 하는 방식(프로세스), 그리고 기능이 해결해 줄 수 있는 문제로 다시 집중하도록 방향을 잡아줘야 한다.


## STEP 5 & STEP 6) 결과 정리와 내용 공유

고객과의 인터뷰를 통해 서비스를 개선할 수 있는 힌트를 얻었다면 잊어버리지 않게 최대한 당일에 조사보고서를 작성해야 한다. 보고서를 쓰는 이유는 '가설 검증'과 '액션플랜'을 기록하기 위해서이다. 최초에 설정한 가설이 유효할 만큼 고객의 답변이 신뢰가 가는지, 가설을 수정해 프로토타입을 바꾸거나 추가 사용자 조사가 필요한지를 판단해야 한다. 최종적으로 이상이 없다면 기획자는 디자이너, 개발자와 함께할 액션플랜을 만들면 된다.

앞서 진행한 사용자 인터뷰에서는 설정한 가설들을 뒷받침하는 고객의 의견들이 나왔다. 그리고 이외에 다음과 같은 의외의 결과들도 함께 발견되었다.

1) 접근성 개선에 대한 요청
   - 처음 1:1 웹 문의 평가 당시 웹 문의가 있는지도 몰랐음. 눈에 띌 수 있도록 UI 변경 필요
2) 1:1 문의 평가를 하지 않은 이유
   - 상담사에게 불이익이 가지 않을까 해서 하지 않았음
3) 1:1 문의 평가에 추가되었으면 하는 기능
   - 기타 의견을 입력할 때 개선 히스토리가 확인될 수 있으면 좋겠음

이렇게 수집된 고객의 답변은 다시 다음과 같이 정리할 수 있다. 먼저 문항별 고객의 답변을 가설 검증에 필요한 문구와 키워드 중심으로 분리한다. 이후 가설이 틀렸다는 것을 증명할 수 있는 내용, 옳았다는 것을 증명하는 내용, 가설 검증과는 관련 없지만 흥미로운 답변이 도출된 순서대로 내용을 조정하도록 한다. 끝으로는 가설 검증 결과를 기록하고 고객 의견을 바탕으로 어떤 액션플랜을 짜야 하는지 요약하도록 한다.

## 가설 검증 결과 및 액션플랜 기록

| 가설 검증 | 고객은 1:1 웹 문의 채널에서 자신이 원하는 답변이 나오지 않을 경우 재차 문의한다. | 고객은 1:1 웹 문의 채널에서 상담사와 주고 받은 답변의 이력을 확인하기를 원한다. |
|---|---|---|
| | 진짜 문제는 고객이 1:1 웹 문의 만족도 평가를 시행한다는 것조차 인지할 수 없었다는 것이다. | 고객은 상담 만족도와 서비스 만족도를 구분해 만족도를 평가하기를 선호한다. |

| 액션플랜 | 설계했던 1:1 문의 프론트 화면과 답변 노출 프로세스로 변경한다 |
|---|---|
| | 상담사 평가 체계를 변경하는 동시에 상담사 불이익이 가지 않는다는 문구를 노출한다 |
| | 고객의 기타 의견을 취합해 개선 히스토리를 확인할 수 있는 메뉴를 신설한다 |

그리고 답변 내용 중 고객의 감정을 확인하고 가설 검증의 유효성을 판단할 수 있는 문구와 키워드를 중심으로 내용을 재편집해야 한다. 이로써 현재 시점에서 서비스 개발팀이 어떤 것에 집중할 수 있는지에 대한 '우선순위' 조정이 가능해진다.

• • •

자, 지금까지 UX 리서치의 과정을 살펴봤다. UX 리서치는 고객이 어떤 행동을 하는지, 무엇을 필요로 하는지를 알아보기 위한 과정으로, 인터뷰 중 객관성을 유지하는 것이 매우 중요하다. 조금만 잘못하면 가설에 맞는 질문만 던지거나 답변을 곡해하는 경우가 생기기 때문에 기획의 객관성을 확보할 수 있는 인터뷰였는지 기획자는 경계해야 한다.

# 2

## 서비스의 윤곽을 잡기 위한
## 스토리보드 작성법

# 1

# 스토리보드의 구성요소

UX 리서치를 통해 고객의 생각을 알아보았고, 우리가 만들어야 할 서비스의 윤곽이 명확해졌다면 디자이너와 개발자가 서비스의 실체를 구현해 줄 설계도면이 필요하다. 이때 기획자가 작성하는 서비스의 설계도를 '스토리보드'라고 한다. 보통 영화나 광고 현장에서는 오늘의 촬영이 어떻게 이어질지 스케치해서 만화처럼 그려놓는 '시놉시스'를 통해 촬영에 참여하는 사람들이 큰 그림을 미리 확인할 수 있는데, 서비스에서도 스토리보드를 통해 서비스의 전체 그림을 미리 그려보게 된다.

스토리보드는 디자이너와 개발자가 서비스를 이해할 수 있는 최종 산출물이자 소통 도구이다. 본격적인 프로젝트에 앞서 각자 머릿속에 있는 것들을 하나의 문서로 통일하는 과정을 거치면서 서비스를 만들기 위한 기초작업을 하게 된다.

물론 처음부터 완성된 스토리보드는 존재하지 않는다. 기획자가 먼저 작성한 스토리보드를 가지고 개발자와 디자이너가 함께 의견을 주고받으며 이들과 합의된 내용이 나와야 비로소 완성된 스토리보드라고 할 수 있다.

스토리보드는 회사마다 파워포인트나 Axure(액슈어), 구글 프레젠테

이션(공유문서) 등의 툴을 사용하는데, 가장 많이 쓰는 것은 우리에게 익숙한 파워포인트이다. 최근에는 피그마나 액슈어도 많이 사용하고 있는데, 기업환경에 따라 편리한 툴을 선택하면 된다.

## 2

# 사례로 살펴보는 스토리보드 작성방법

여기에서는 '천그루숲의 브랜드몰 오픈마켓 입점'이라는 가상의 주제로 백오피스 기획을 위한 스토리보드를 만들어 보고자 한다. 본래 천그루숲의 브랜드 사이트가 있는데, 네이버나 쿠팡과 같은 곳에 셀러로 새롭게 입점한다는 상황을 가정해 본 것이다.

---

**[스토리보드 작성 사례] 천그루숲의 오픈마켓 입점 프로젝트**

---

1) 천그루숲의 자체 브랜드몰(자사몰)이 있다고 가정 : 도서 및 굿즈, 문구류 등 다양한 관련 상품 판매
2) 매출 확장을 위해 오픈마켓(제휴몰)에 입점을 준비 중에 있음(API 연동 제휴 방식)
3) 입점하려는 오픈마켓은 쿠팡으로 가정(옥션, 11번가, 위메프, 네이버는 이미 입점했다고 가정)

---

'입점'을 초점으로 했기 때문에 일반 사용자들이 만나는 프론트 채널(앱/웹)에 대한 기획보다 자사몰(브랜드몰)과 제휴몰(쿠팡)과의 데이터 연동 구조를 기획하는 것이 핵심이 된다. 그럼 여기에서는 제휴몰 연동 상

품관리에 필요한 백오피스 시스템 구성을 중점적으로 다뤄보고자 한다.


## 버전 정보 관리

| 천그루숲 브랜드몰 오픈마켓 연동 개발 건 | | 버전 | 1.5 |
|---|---|---|---|
| | | 채널 | 어드민/PC/Mobile |
| | | 작성자 | XXX |
| | | 작성일 | 2022.10.10 |

| 버전 | 내용 | 작성자 | 검토자 | 수정일 |
|---|---|---|---|---|
| 1.0 | 최초 작성 | XXX | | 2022.08.30 |
| 1.1 | 수정 | XXX | | 2022.09.10 |
| 1.3 | 수정 | OOO | | 2022.09.11 |
| 1.4 | 수정 (브랜드몰/네이버/위메프/쿠팡 주문 분리사항 반영) | △△△ | | 2022.09.30 |
| 1.5 | 수정 (기준 상품코드 추가, 셀러 어드민 ○○칼럼 추가) | △△△ | | 2022.10.10 |

먼저 표지에는 프로젝트의 이름과 문서 버전, 최종 업데이트 일자와 작성자의 정보를 담는다. 표지는 기획의 대상이 되는 내용을 깔끔하고 명료하게 전달하는 역할과 함께 어떤 기능들이 추가·제거되었는지를 상세하게 적는 것이 목적이다.

버전 정보를 기재하는 기준은 '사소한 변경'이 있었다면 소수점 단위로(1.0 → 1.1), 채널 단위의 큰 기능 변화가 있었다면 숫자를 하나씩 더하면 된다(1.0 → 2.0). 문서버전 관리는 '일정'을 관리해야 하는 기획자 입장에서 프로젝트의 진행 정도를 파악하는데 아주 중요하다. 기획자는 1.5 버전의 문서를 가지고 있고 디자이너는 1.1 버전을 가지고 있다면 완전히 다른 결과물이 나올 수 있기 때문이다.

# 정보구조도 작성

정보구조도(IA, Information Architecture)에서는 천그루숲 브랜드몰의 어드민 화면을 보여주고 있는데, 이는 제휴몰(쿠팡)과 연동이 잘될 수 있도록 연동 대상 상품을 관리하고 제휴몰로 들어온 고객의 문의사항이 잘 처리되고 있는지 관리하기 위함이 목적이다. 정보구조도는 대개 트리구조로 작성하지만 복잡한 기획의 경우 엑셀 표로 정리하기도 한다. 이때 형식과 틀은 중요하지 않다.

정보구조도를 그릴 때 핵심기준은 '사용자가 우리 제품에 담긴 정보의 내용을 우리 의도대로 잘 이해할 수 있는가'이다. 쇼핑 앱이라면 사용자가 원하는 상품을 빠르게 찾고 불편함 없이 주문을 하도록 해야 한다. 은행 앱이라면 사용자의 상황에 따라 금융상품과 메뉴 정보를 사용자가 직관적으로 파악할 수 있도록 해야 한다. 백오피스라면 사용자가 사내 구성원들이라는 점을 감안했을 때, 유관부서와의 업무가 유기적으로 처리될 수 있도록 해야 한다. 일반적인 정보구조도 기획 시 사전에 고민해 봐야 할 질문은 다음과 같다.[23]

질문 1) 우리 서비스에 들어올 고객의 일반적인 경험여정은 어떻게 될까?

질문 2) 우리 서비스가 사용자가 원하는 정보를 인식하고, 분류하고, 정리하는 걸

　　　도와줄까?

질문 3) 사용자가 의사결정을 하는데 우리 서비스의 구조가 도움이 될까?


## 기능 프로세스(플로우차트)

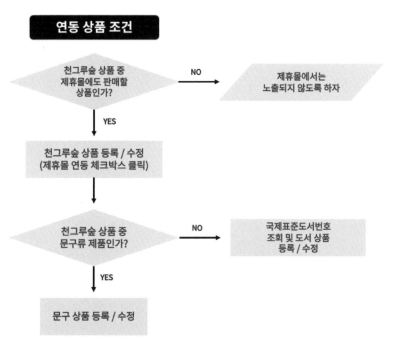

정보구조도를 통해 사용자의 요구사항을 찾았다면 이후에는 기능별
프로세스를 작성하게 된다. 회원가입, 주문, 상품정보관리 등 특정 상

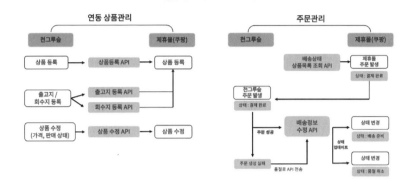

황에 따른 상세 시나리오를 구분해 본다. 대개 플로우차트는 도형을 통해 그리게 되는데, '페이지'는 네모, '예/아니오 2가지 갈래로 나누어지는 것'은 마름모, '프로세스'는 평행사변형을 사용하면 된다.

## 서비스 정책

| 구분 | 내용 | 검토사항 |
|---|---|---|
| 주문 | 1) 제휴몰 주문 상태 : 결제완료 - 배송준비 - 배송중 - 배송완료 | |
| 취소 | 1) 즉시 취소만 존재<br>2) 제휴몰 주문 취소 가능 시점 : '결제완료' 단계에서만 취소 가능<br>3) 품절 취소 처리 : 제휴몰 즉시 취소 완료 불가 (어드민 권한 필요) | 주문제작 상품의<br>취소 보류 프로세스 |
| 반품 | 1) 천그루숲 반품 접수 화면에서 선 반품 접수 시 제휴몰 연동 불가<br>2) 부분 반품 가능 / 수량 부분 반품은 불가<br>3) 반품 배송비는 반품 시 환불금액 차감 | |
| 교환 | 1) 천그루숲 교환 접수 화면에서 선 반품 접수 시 제휴몰 연동 불가<br>2) 교환배송비는 교환 시 별도 결제 필수<br>3) 교환수량이 1개이면 교환 자동접수, 교환수량이 2개이면 자동접수 불가 | |
| 철회 | 1) 취소 철회 불가<br>2) 반품 철회, 교환 철회는 가능 | |

플로우차트에서 검토되어야 하는 세부내용을 따로 분리해 각 기능별·항목별로 결정된 사항과 추가로 논의해야 할 사항들을 기술하게 된다. 현재 사례에서는 자사몰과 제휴몰의 상품정보, 주문정보, 배송정보 등에 대한 실시간 연동 처리가 중요하므로 상태 값이 잘 맞을 수 있도록 프로세스 정의를 미리 해두어야 한다.

## 와이어프레임 & 기능 디스크립션

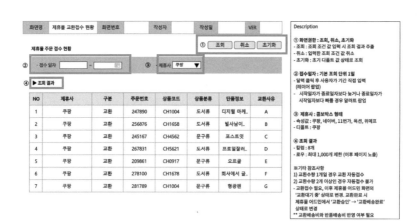

마지막으로 UI 화면 설계와 각 기능에 해당하는 별도 설명을 우측에 번호와 함께 설명한다. 디스크립션에는 버튼이 어떤 기능을 수행하는지, 색 변경 및 어떤 링크로 이동되는지 등 상세한 조건을 기록한다. 와이어프레임과 기능 디스크립션은 디자이너와 개발자가 업무를 할 때 가장 많이 참조하는 화면이기 때문에 개발자와 디자이너가 이해하기 쉽게 작성해야 한다. 이때 UI의 구성요소와 화면의 제스처(모바일)에 대

한 지식이 없다면 문서 작성 시 어려움을 겪을 수 있다. 따라서 UI 관련 기본지식은 반드시 알고 있어야 한다.

참고로 백오피스 기획 시 와이어프레임은 프론트와 비교했을 때보다 기획자나 디자이너가 UI에 대해 상대적으로 고민을 덜하게 된다. 이는 업무처리의 효율성을 높이고 업무의 최적화를 위해 내부 구성원들의 의견을 토대로 UI가 결정되는 경우가 많기 때문이다.

# 3

# 협업 잘하는 기획자의 노하우

# 개발자, 디자이너와의 효과적인 협업방법

　'화성에서 온 개발자, 금성에서 온 기획자'라는 말이 있을 정도로 IT 업계에서는 수많은 프로젝트에서 각각의 파트별로 일하는 사람들 간에 충돌이 자주 발생한다. 이때 개발팀은 물론 사내의 모든 이해관계자들을 설득시켜 어떻게든 서비스 출시 및 기능 업데이트를 총괄 담당해야 하는 기획자는 이 모든 난관을 헤쳐나가야 한다. 그래서 기획자에게는 높은 수준의 협업 역량이 요구된다.

　스토리보드 작성과 데이터 분석 등 기획자가 하는 일련의 업무를 살펴보면 '여러 사람의 생각을 정리하고 결과를 도출해 구조화시키는 것'이라고 볼 수 있다. MBTI로 친다면 기획자는 좋든 싫든 'T'의 역량을 길러내야 한다는 것을 반증한다. 그리고 이런 기획자의 노력은 서비스를 만들어 가는 이해관계자들의 시간과 에너지를 아껴줄 수 있다. 따라서 개발지식을 숙지하는 것은 물론 뒤죽박죽 섞인 현업부서의 요구사항을 편하고 이해하기 쉽게 글로 정리하는 것, 온오프라인을 넘나들며 수많은 사람들 속에서 이슈 포인트를 도출하고 프로세스의 비효율화를 제거할 수 있는 역량이 필요하다. 이렇게 기획자의 협업은 말과 글에서 결정된다고 해도 과언이 아니다.

## 기획자와 개발자의 협업을 위한 제안

기획자와 개발자 사이에서 문제가 생기는 이유는 간단하다. 서로의 말을 이해하지 못하거나 상대의 업무 일정을 고려하지 않은 채 무리한 일정을 요구하는 과정에서 비롯된다.

기획자와 개발자의 차이를 좀 더 살펴보면 기획자는 비즈니스에 대한 이해를 기반으로 서비스를 구체화하기 위해 자기 생각을 문서로 표현하는 담당자로서, 사용자를 위한 편의성, 핵심가치, 수익모델로의 연결 등 종합적인 사고 결과를 문서에 담는다. 개발자는 우리가 보지 못하는 서버, 기존 개발 로직, DB와의 연동 등 서비스 구현을 위해 다양한 환경에 대한 상황을 고민한다. 이때 프로그램 수정이 너무 빈번한지, 대량의 데이터가 발생해 서비스의 성능 저하는 발생하지 않는지 등 기획자의 요구사항에 대한 영향도를 점검하게 된다.

예를 들어 온라인몰에서 VIP 고객을 위한 VIP 전용몰을 신규 론칭한다고 가정해 보자. 이때 기획자는 다음과 같이 생각한다.

- 온라인몰의 회원등급 중 VIP 고객에게만 전용몰이 노출될 수 있도록 해야겠네.
- 일반 온라인몰과 VIP 전용몰에 입점시킬 상품코드는 다르게 운영해야 할까?
- 무형상품(구독형, 숙박 및 백화점 내 시설이용권, 렌탈 등) 또한 신규상품으로 등록하고,
- VIP 전용몰 운영의 당위성을 정리하여 업무 유관자와 협의하고, 신규몰의 메뉴구조도 및 화면설계서 등을 작성해 개발자에게 전달해야겠다.

반면 개발자는 다음과 같이 생각한다.

- 신규몰 론칭에 따라 서버 증설은 안해도 될까?
- 온라인몰의 고객등급이 VIP 전용몰에 연동되는 시점은 언제로 해야 할까? 실시간 연동으로 해야 할까 말아야 할까?
- 실시간 업데이트 시 서버 부하가 우려되고, 일 단위로 업데이트를 하자니 VIP 고객들의 강성 항의가 우려되네.
- 구독형 상품은 결제주기가 매번 다르고 구독이력 관리가 중요한데 DB 테이블 관리를 따로 해야 할까? 아니면 기존 테이블에 칼럼을 추가하는 방식으로 해야 할까?
- 숙박상품의 경우 위약금이 발생하는데 취소시점과 위약금의 기준에 따라 결제 로직이 많아질 경우 성능 저하 이슈는 없을까?

분명 기획자도 기획과정에서 여러 가지를 고민하지만, 개발자와 막상 미팅을 가져 보면 생각지도 못한 이슈들이 터져 나오며 딜레마에 빠질 수 있다. 이때 개발자와의 원만한 협의를 위한 노하우를 알아보자.

먼저 기능 추가 및 신규 서비스 론칭에 대한 명확한 이유를 설명해야 한다. 개발자 입장에서는 이미 기존의 서비스 운영도 만만치 않은 상황에서 새로운 개발 건을 전달받는 것이 꽤 부담스럽다. 운영상의 문제는 차치하더라도 자사 서비스의 로직 설계상 불가능한 경우도 있을 수 있다. 따라서 기획자는 사업적 타당성뿐만 아니라 자사 서비스 내 로직을 검토하여 해당 기능이 추가되었을 때 어떤 시너지가 날 수 있는지 분석하고, 이와 함께 개발자를 설득하는 과정이 필요하다.

두 번째는 애초에 문제가 될 만한 사항을 나열하는 것이다. 플로우차트나 스토리보드를 작성하다 보면 예외 케이스들이 분명 발생한다. 앞선 사례로 살펴보면 VIP 전용몰에만 입점되는 무형상품의 경우, 숙박 및 백화점 시설이용권에 대한 위약금이 발생할 때 프론트에서 고객이 직접 결제하도록 할지, 상담원을 통해서만 결제하도록 할지, 아니면 해당 업체로 고객이 직접 위약금을 입금하게 할지에 대한 정책을 함께 통일해야 한다.

세 번째는 '글'을 활용하는 것이다. 서면으로 전달하는 것과 구두로 말하는 것은 큰 차이가 있다. 같은 단어라도 뉘앙스가 달라 자칫 기획자의 요구사항이 개발자의 개발일정과 개발의견을 무시한 '강압'으로 비춰지기도 한다. 따라서 서로 의견을 주고받은 것이나 개발자의 의견이 덧붙여진 문서는 히스토리 관리 차원에서 협업 툴에 모두 기록해 둔다. 이때 시간이 지나 내용을 잊어버릴 수도 있고 특정시점에서 어떤 의견이 오고 갔는지를 확인하기 위해서는 버전 공유를 상세화하는 것이 필요하다.

마지막으로 요청 건이 많을 때는 우선순위를 정해야 한다. 기획자는 대부분 신규 기능을 추가하거나 기존 기능을 고도화하는 업무를 담당하게 되는데, 이에 따라 개발자의 백로그에는 점점 요구사항이 쌓여만 간다. 그리고 기획자의 요구사항은 늘 급하다 보니 가끔은 '○○님, 일전에 요청주신 것도 모두 긴급 요청 건인데 이것도 급하다고 하면 어떻게 해야 해요?'라는 피드백을 듣곤 한다. 이런 경우 사업계획의 범위 내에서 우선순위가 높아 빠르게 처리해야 한다면 기존에 요청한 건들의 개발일정을 조정하는 것이 타협점을 찾는데 좋을 것이다.

## 기획자와 디자이너의 협업을 위한 제안

기획자와 디자이너 사이에서 가장 중요한 것은 '존중'이라고 생각한다. 디자이너는 사용자의 니즈와 비즈니스의 목적을 시각적 이미지로 연결하는 전문가다. 기획자의 단순한 심미적 차원의 피드백은 디자이너에게 오해를 불러일으킬 수도 있으며, 이 경우 '디자인만 하는 사람'이라고 생각할 수 있다. 예를 들어 홈 메뉴에서 카테고리 메뉴를 기획해 본다고 가정해 보자.

천그루숲 앱의 카테고리 메뉴 시안

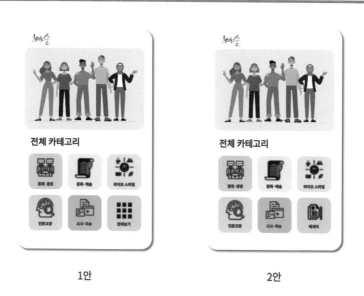

| 1안 | 2안 |

기획자는 '카테고리 메뉴가 모두 노출되기보다 전체보기 버튼을 눌렀을 때 노출될 수 있도록 하는 것이 좋다'고 말하며 1안을 생각했다. 하

지만 기획자가 디자이너로부터 2안을 받았다면 기획자는 '왜 기획안대로 설계되지 않았는지' 수정 요청을 하기 전에 먼저 고려해야 할 사항이 있다.

단순히 특정 화면에 기능을 추가해 달라는 요구사항만 전달하는 것이 아니라 그 목적과 의도를 이야기하고 지향하고자 하는 바를 정확히 전달하는 것이 필요하다. 이를테면 '홈 메인 하단의 메뉴 버튼은 사용자가 최대한 다양한 카테고리의 책을 접할 수 있도록 중앙에 배치하는 것이 좋을 것 같아요. 그리고 다른 메뉴로 전환되지 않고 스크롤 형태로 이어지도록 하면 어떨까요? 한 화면에서 연속성 있게 제공되어야 이탈률도 최소화할 수 있기 때문입니다.'라는 식의 배경 설명이 필요하다.

그리고 만약 디자이너가 기획자와 협의 없이 2안으로 디자인을 했더라도, 디자이너의 생각을 읽기 위해 최초 기획한 시안과의 차이를 비교하며 장단점을 파악하는 것이 필요하다. 그럼에도 기획자의 생각이 옳다면 설득하기 위한 근거를 마련해야 하며, 디자이너가 옳다고 생각이 되면 의견을 수렴해 기획의 방향을 바꾸는 유연한 자세가 필요하다. 이때 서로의 설득 포인트 역시 '문제를 해결할 수 있는 방향인가'라는 차원에서 기술되어야 한다. 그리고 사용자의 어떤 행동패턴 때문에 이러한 UX 설계가 훨씬 더 필요한지 데이터를 통해 말해야 한다. 만약 화면마다 사용자의 문제가 다르다면 세부적인 문제점을 나누어 협의를 하되 궁극적으로 서비스가 지향하는 핵심지표와 맞닿은 결정인지도 기획자가 정리해야 한다.

# 모두의 협업을 위한 글쓰기

앞서 개발자와 디자이너의 협업 노하우에서도 확인했듯이, 협업을 위해서는 내 의견이 틀릴 수 있다는 것을 전제로 서로의 생각을 최대한 자세히 공유하며 논리적으로 서로를 설득하는 것이 중요하다. 함께 협업하는 사람들과의 신속하고 정확한 업무를 위해서는 서로의 사고과정이 투명하게 드러난 '글'만큼 좋은 도구는 없다고 본다. 여기에서는 모두의 협업을 위한 글쓰기 도구로 '아마존의 6페이지'를 소개해 본다.

## 아마존의 6페이지[24]

아마존에서는 협업을 할 때 키노트나 PPT가 아닌 종이 문서를 활용한다. 아마존만의 유별난 회의방식이 아닐까 싶지만, 여기에는 기획자들이 꼭 알아야 할 문서 작성의 방법이 모두 들어있다. 문서 작성에만 2주가 걸리고 최대한 완벽에 가깝게 심혈을 기울여야 한다는 이 문서가 바로 '아마존의 6페이지'이다. 일단 6페이지에 들어가는 항목을 살펴보면 다음과 같다.

| | |
|---|---|
| **1**<br>서문 | **다음 분기 프로젝트를 진행할 때 무엇을 얻고 싶은지**<br>· 기존 프로젝트 대비 차별점과 특장점을 기술<br>· 지난번 잘된 프로젝트가 있다고 해서 덩치를 키우는 것이 아니라 과거 프로젝트를 분석해 깊이를 더할 수 있는 방향으로 프로젝트를 준비(작지만 크게) |
| **2**<br>목표 정리 | **3개의 핵심목표 선정**<br>· 목표수치, 시기, 증감률은 한 문장<br>· 지난해보다 증가 또는 감소를 목표로 함 |
| **3**<br>리더십<br>원칙 적용 | **아마존의 14개 핵심원칙[25]을 프로젝트의 방향성과 연결지음**<br>· 소비자에게 집착하라<br>· 주인의식을 가져라<br>· 길을 찾고 단순화하라<br>· 리더를 믿고 존중하라<br>· 계속 발명하고 호기심을 품어라<br>· 최고를 채용하고 개발하라<br>· 최고 기준을 고집하라<br>· 크고 대담하게 생각하라<br>· 말보다 행동 위주로 하라<br>· 검약하라<br>· 타인의 신뢰를 얻어라<br>· 깊이 생각하라<br>· 결정하면 전념하라<br>· 좋은 결과를 이끌어 내라 |
| **4**<br>해당 프로젝트의<br>현황 짚어보기 | · 운영비용에서 아낄 수 있었던 부분을 확인<br>· 비즈니스 모델이 무엇이고 잘 운영되는지 확인<br>· 잘된 점, 위험요소, 리스크, 이에 대한 대비, 다른 수익의 기회 포함<br>· 시각화 할 자료는 최신 데이터이기에 미팅 직전에 기입 |
| **5**<br>해당 프로젝트에서<br>배운 점 회고하기 | · 기대, 예상, 해석, 전망은 포함시키지 말 것<br>· ex) 현황 : 유료사용자와 무료사용자 숫자, 고객서비스의 접점횟수 증감률<br>　　성공 : 제휴마케팅(브랜드 인지도 상승)<br>　　미달성 : 개발자 채용 실패로 인한 주요기능 개선 실패 |
| **6**<br>우선순위 선정 | **2번 항목에서 작성한 목표를 리마인딩**<br>· 목표와 향후 달성해야 할 계획의 연관성이 얼마나 있는지 상세 기술<br>· 그래프와 표가 덧붙여진 예측과 디테일한 세부계획이 담긴 액션플랜을 함께 기술 |

문서의 구성내용을 보면 아마존의 문서 작성방식은 흡사 애자일의 원칙과 비슷하다. 목표를 설정하고 그 목표를 달성하지 못한 내용과 사유를 공유하는 동시에, 대형 프로젝트를 기획하는 것이 아닌 나노 단위로 문제를 바라보며, 서비스 품질의 완성도를 높여 나가는 방식을 채택하고 있다.

IT 기업의 대표주자라 할 수 있는 구글과 아마존의 '문서'를 보면 공통적으로 피드백에 관대하다. 이는 직원들에 대한 존중과 신뢰를 바탕으로 '실패는 발생할 수 있고, 그것을 빠르게 자산화해 고객관점의 서비스를 만들어 가는데 격차를 줄여야 한다'라는 가치관을 따르고 있다. 또한 질문을 시작으로 업무의 방향성을 함께 설정하고 있다. '왜'에서 끝나는 질문이 아닌 실행이 가능한 '누가' '어떤 방법' 등의 질문을 포함시켜 끊임없이 창의적인 문제해결 접근법과 대안을 고민하게 만든다.

이렇듯 협업은 질문으로 시작해 기획자를 포함한 모든 관계자가 고객중심 사고에서 멀어지지 않도록 해야 하고, 서로의 실험과 실패에 대한 피드백에 주눅 들지 않는 문화에서 이루어진다. 그리고 그 결과는 '고객이 찾는 서비스'를 만드는 기본 토대가 된다는 것을 알 수 있다.

# PART
# 4

# 일잘러 소리 듣는 서비스 기획자들의 비결

# 좋은 서비스를 판단하는
# 3가지 조건

# 1

# 좋은 서비스의 동의어, 습관

'고객이 원하는 제품만 만들면 돼!'라는 사용자 관점의 중요성을 모르는 사람은 아마 없을 것이다. 누구나 다 아는 말이지만, 문제는 '어떻게'가 빠져 있다는 것이다.

사람마다 좋다고 느끼는 서비스는 각자 다르겠지만, 사람들이 많이 사용하는 앱은 '중독성'을 가지고 있다. 인스타그램, 유튜브, 네이버, 쿠팡, 당근마켓 등 아침에 눈을 떠서 잠자리에 들 때까지 손에서 떼지 않고 보게 되는 서비스들이다. 즉, 습관이 되어버린 것이다.[26]

습관이 된 서비스는 사람들의 입에서 입으로 구전이 된다. '카톡해' '토스해' '당근하시는 분?' '배민해, 그럼'이라는 말처럼 우리 생활을 지배하며 동사화된 서비스들은 짧은 시간 안에 입소문(바이럴 효과)을 타며 빠른 성장세를 보이고 있다. 또한 큰 비용을 들이지 않아도 사용자를 모객하기 쉽고 바로 결제를 하는 경우도 많기 때문에 고객생애가치도 올라간다.

그렇다면 '습관'이 되는 서비스들은 어떻게 만들어질까? 스마트폰과 매 순간 함께하는 우리의 일상을 떠올려 보면 된다. 우리는 아침에 눈을 뜨며 인스타그램과 페이스북 등의 SNS를 통해 지난밤 친구의 소식을 확인한다. 딱히 이걸 본다고 내 삶이 달라지거나 생산성이 높아지는 것은 아니지만 그냥 본다. '좋아요'를 받으면 기분이 좋고, 친구들의 새로운 소식은 언제나 흥미로우며, 예쁘고 멋진 사진들을 구경하는 것만으로도 눈 정화가 된다.

그리고 우리는 무의식적으로 당근마켓에 접속한다. 집에 묵혀둔 물건들을 정리하거나 곧 이사 갈 시기라면 판매할 제품들이 많이 올라온다. 혹시 내가 평소에 사려던 물건이 나오진 않았는지 그냥 둘러보기도 한다. 또 매너 온도를 잘 받기 위해 최대한 친절히 응대하고, 거래 성사 후 후기를 남겨달라는 코멘트도 잊지 않는다. 이러한 행위 하나하나에 뭔가 굉장히 뿌듯하다. 왠지 기분이 좋아지는 느낌이 든다.

이처럼 우리는 서비스를 통해 도파민을, 타인의 삶을 들여다보고 싶은, 누군가가 나를 찾아주지 않을까 하는 기대감을 얻기 위해 분 단위 시간 단위로 서비스를 들여다본다. 이런 행위를 일컬어 뇌과학에서는 '보상회로'[27]라고 한다. 행동을 반복하도록 동기부여를 하는 시스템인 보상회로는 가장 손쉽고 간단한 행동을 통해 큰 노력을 들이지 않고 '쾌락'이란 감정을 느끼게 하며, 도파민이라는 신경전달물질로 '계속 그걸 행동해! 그러면 기분이 좋아지잖아!'라고 외친다.

서비스는 이렇게 사람의 뇌 구조를 연구해 즐거움을 유도하는데 특화되어 있다. 서비스를 만들 때 어떤 공식과 논리가 필요하기보다는, 사람들의 일반적인 행동패턴을 관찰하고 거기서 발견된 것들을 효율적인 대안이라 유추해 가면서 '아, 이렇게 해야 사람들이 서비스를 더 쓸 수 있구나'라고 나름의 근거들을 만들 수 있다. 한마디로 정답은 없지만 좋은 서비스를 만드는 '보편적인 기준'은 있는 것이다.

# 2

# 보편성의 법칙(1)
## 사람들은 복잡할수록 쉬운 걸 찾는다

꼬인 실타래를 보면 풀고 싶고, 흐트러진 모습을 보면 치우고 싶은 사람의 본능처럼 우리 삶의 영역에서 어렵다고 생각한 것들을 쉽게 만든 서비스들이 있다. 하나하나 살펴보자.

## 콘텐츠 업로드의 심리적 허들을 제거하는 법

'오늘의 집'은 국내 최대 인테리어 플랫폼이다. 오늘의 집이 사용자들의 애정을 받는 결정적 이유는 '후기' 때문이다. 그래서 오늘의 집 서비스 기획자들은 '쉬운 리뷰'를 만들어 낼 수 있도록 리뷰어들의 참여를 이끌어 내야 한다. 단순히 사진만 올리는 것이 아니라 사용자가 사진 촬영 단계에서부터 평수, 주거형태, 스타일과 같은 인테리어 후기에 필요한 필터값을 설정하도록 하고, 구매리스트를 연동해 다른 사용자도 쉽게 해당 제품을 구매할 수 있도록 만들었다. 콘텐츠를 통해 구매로 이어지는 전환율이 높을 수밖에 없는 경로를 설계해 둔 셈이다.

**콘텐츠를 통해 구매로 연결되도록 기획된 '오늘의 집' 앱**

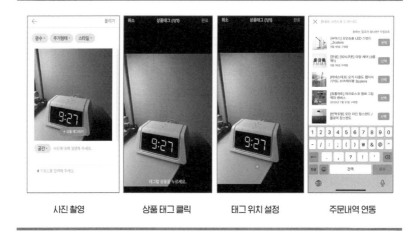

| 사진 촬영 | 상품 태그 클릭 | 태그 위치 설정 | 주문내역 연동 |

## 금융을 쇼핑처럼

주식투자를 해본 사람들은 알겠지만 우리나라의 증권사 앱은 기본적으로 거래하기 어렵게 구성되어 있다. 국내 주식부터 해외주식, 은행 업무 등 메뉴의 복잡도가 높고 각 메뉴가 어떤 기능을 하는지 한 번에 파악하기 어렵다. 또한 종목에 대한 기업분석 정보나 주가 추이를 한 번에 파악하기도 쉽지 않다.

그런데 미니스탁을 기점으로 국내 증권사의 모바일 앱 서비스에 변화가 생겼다. 2020년 8월 한국투자증권에서 해외주식 전용 서비스로 론칭한 미니스탁은 기존 증권사의 앱과 많은 차별점을 보여주었다. 앱을 켜자마자 본인의 투자현황과 주가 추이만 보여주고, 큰 키패드를 활용해 주문 오류를 최소화하고, 테마를 제공해 마치 기획전 상품처럼 주

**기존 증권사 앱의 홈 화면(키움증권, 한국투자증권, 신한금융투자, 미래에셋)**

**쉬운 접근성을 가진 한국투자증권의 '미니스탁' 앱**

| 나의 자산현황 즉시 조회 | 한눈에 파악하는 주가 추이 | 쇼핑처럼 구매하는 주식 | 기획전 상품처럼 구성 |

식을 쉽게 구매할 수 있도록 했다.

쉬운 주식 매매는 토스증권에서도 여과 없이 드러났다. 국내 주식까지 매수 가능한 토스증권은 미니스탁과 비슷한 UI/UX 디자인을 갖추며 젊은 사용자들을 고려해 '쉽고 캐쥬얼'한 분위기를 연출하는 데 집중했다.

쉽고 캐주얼한 '토스증권' 앱

| 나의 자산현황 즉시 조회 | 기업 로고로 빠르게 찾는 관심 주식 추가 | 캔들차트 대신 꺾은선 그래프로 직관적인 정보를 제공 | 주식을 쇼핑하듯 매수하는 경험 선사 |

## 신규 서비스라면 맞춤형 정보로 첫인상 좋게 만들기

기존에 없던 서비스의 경우 고객에게 이러한 서비스와 시장이 있다는 것을 설명해야 한다. 어렵게 광고를 통해 모객을 했다 하더라도 앱에 들어온 사용자가 이탈하지 않게 하기 위해서는 추가적인 대응이 필요하다. 복잡한 설명만 늘어놓는다면 고객은 앱을 지울 것이 뻔하기 때문

## 빠른 배송을 한눈에 보여주는 '정육각'과 '세탁특공대' 앱

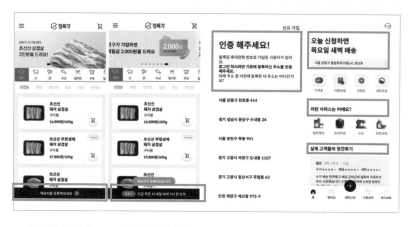

| 앱 로그인 시 배송지 | 배송지 등록 후 현재 | 앱 로그인 시 | 배송 완료시간은 물론 |
| 등록을 먼저 유도 | 주문 시 배송완료시간 안내 | 배송지 등록을 먼저 유도 | 현재 서비스와 후기 제공 |

이다. 그런 점에서 정육각과 세탁특공대는 참고할 만하다.

두 서비스는 모두 '신선배송'과 '빠른 배송'을 필두로 하는 '물류'가 중심이 된 서비스이다. 이들은 사용자가 서비스를 이용해야 하는 이유를 빠르게 제공했다. 앱 다운 후 바로 주소를 입력하도록 해 빠른 배송이 가능하다는 것을 고객이 알 수 있도록 한 것이다. 이를 통해 고객은 가입 전부터 정육각과 세탁특공대는 빠른 배송이 가능한 서비스라는 것을 단번에 인지하게 된다. 여기에 세탁특공대는 동네 세탁소에 대한 신뢰가 강했던 사람들의 생각을 전환시키기 위해 한 화면 내에서 고객의 리뷰까지 확인할 수 있도록 했다.

# 보편성의 법칙(2)
## 나의 선택은 타인을 통해 강화된다

우리는 물건을 살 때 유튜브를 둘러보거나 네이버 블로그를 보거나 아니면 구매경험이 있는 지인에게 묻곤 한다. 이처럼 자신이 경험한 모든 것을 리뷰로 남기고 공유하는 세상에서 타인의 경험은 나의 선택에 큰 도움이 된다.[28] 한정된 시간 속에서 실패 없는 구매와 재미있는 콘텐츠만 보고 싶은 사용자는 기회비용을 줄이기 위해 타인의 경험을 유심히 살펴보기 때문이다. 이는 서비스를 만들 때도 동일하게 적용된다. 이를 심리학 용어로 '소셜 프루프(social proof)'[29]라고 한다. 로버트 치알디니가 《설득의 심리학》에서 언급한 용어로, 우리의 선택이 타인의 영향을 받는 순간을 의미한다.

### 고민을 공론화하라

남성 뷰티시장의 규모는 2020년 기준 1조 원을 돌파했지만, 남성의 성형은 아직 공개하기엔 사회적 편견이 있다. 이처럼 말못할 성형 고민을 해소할 수 있는 남성 전용 성형정보 서비스 '그루밍족'은 남성 성형에

자체적으로 선정한 후기를      성형 노하우를 먼저 제공하는      리뷰부터 먼저 나오는
제공하는 '강남언니'               '바비톡'                    '그루밍족'

대한 고민을 해결하고자 '부위별 리뷰'를 전면에 내세우고 있다. 남성의
경우 성형에 대한 확고한 의지를 갖추고 정보를 얻기보다 '호기심'으로
접근하는 경우가 더 많은 편이다. 하지만 앱 광고로 우연히 접했거나 주
변 지인의 성공사례를 듣고 '나도 한 번?'이라는 생각에 성형정보 앱을 둘
러보는 남성들의 심리를 정확하게 꿰뚫어 본 기획사례라고 할 수 있다.


## 망설여질 땐 데이터를 보여줘라

'화해'와 '점신'은 앱 진입시 사용자 통계를 제공해 서비스에 대한 신뢰도를 높이고 있다.

성분 분석과 리뷰가 생명인 화해의 경우, 사용자 DB 확보가 관건인 서비스이다 보니 리뷰의 양만 어필하는 것이 아니라 양질의 리뷰가 있다는 것을 알리기 위해 '화해 리뷰 어워드' '단순 협찬이라도 할 말은 하는 꼼꼼 뷰티 평가단 활동' 등 성분 정보와 상품 리뷰를 통해 사용자와 비즈니스 파트너 모두에게 이익을 추구하는 비즈니스의 방향과 잘 맞게 서비스가 설계되어 있다.

점신은 이용자만 1,000만 명이 넘는 국내 1위의 운세 앱으로, 신점·운세·타로·토정비결 등을 빅데이터 분석을 통해 특정 전문가의 일부 의견이 아닌 객관적인 정보가 될 수 있다는 것을 알리는데 큰 공을 들이

화장품 성분 분석 서비스 '화해', 신점·타로·운세 서비스 '점신'

고 있다. 여전히 미신처럼 여기는 운세에 부정적인 사용자들의 의견을 줄이고자 점신 역시 앱 로그인시 빅데이터 분석에 필요한 충분한 DB가 확보되었음을 '오늘 방문자 수'를 통해 알리고 있다.

## 리뷰는 쪼개고 검색할 수 있도록 하라

사람들이 리뷰를 참조하는 이유는 나에게 딱 맞는 정보만 수취 선택하기 위함이다. 그래서 긍정·부정의 리뷰가 아닌 구체적으로 서술된 리뷰들이 필요하다.

당근마켓은 중고거래 시 판매자의 매너 평가로 거래 여부를 결정하도록 하고 있다. 단순히 '좋은 거래자' 말이 잘 통하는 거래자'라고 표현

당근마켓, 화해, 네이버

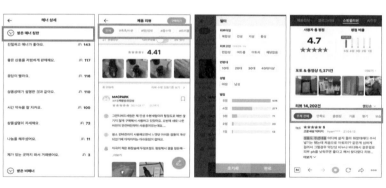

| 판매자의 매너 평가 내용을 상세히 분류해 둔 '당근마켓' | 검색 필터를 적용해 자신에게 맞는 리뷰만 선별하도록 한 '화해' | 일반적인 검색 필터 값을 지정해 한 번 더 분류할 수 있는 '화해' | 특정 상품에 한해 리뷰별 검색 필터 기능을 제공하고 있는 '네이버' |

하는 것이 아니라 매너 정도, 좋은 상품 보유 여부, 회신속도 등을 구어체로 풀어 사용자가 한눈에 판매자에 대한 정보를 습득할 수 있도록 상세화해 두었다. 화해는 훨씬 더 다양하게 쪼개 두었는데, 리뷰에서 추출된 핵심 키워드를 검색조건으로 추가해 사용자의 상황에 맞는 리뷰만 선별할 수 있도록 하고 있다. 네이버 또한 사용자 본인에게 맞는 제품을 쉽고 빠르게 선택할 수 있도록 특정 상품군마다 키워드 검색 필터 기능을 제공하고 있다.

# 보편성의 법칙(3)
## 사용자를 움직이는 다양한 보상을 연구하라

칭찬은 사람을 기분 좋게 하는 만고불변의 요소 중 하나이다. 이는 서비스에서도 동일하게 적용된다. 사용자들은 거창한 보상이나 특정 혜택을 주는 것보다 아주 사소한 것에 끌려 그 서비스를 계속 이용해야 겠다는 마음을 먹게 된다.

### 칭찬은 고래만 춤추게 하는 것이 아니다

애플워치와 나이키 러닝클럽, 당근마켓 모두 서비스 내에서 특정 활동을 했을 때 그 활동에 대한 정량적 성과를 배지로 부여해 준다. 이는 지속적인 동기부여로 작용해 사용자 스스로 '보람'을 느낄 수 있도록 만들어 낸 구조이다. 나이키 러닝클럽은 동기부여가 될 수 있도록 러닝을 한 날마다 배지를 부여하고, 당근마켓의 경우도 배지를 리워드로 줘 거래 글을 올리고 중고거래를 하는 행위 자체를 좋은 경험으로 만들고 있다. 카카오뱅크의 경우 실제 저금통과 유사한 '저금통' 서비스를 제공하고 있다. 1,000원 미만의 잔돈을 저금해 주는 서비스로, 10만원이 채워지기 전까지 이모지의 변화로 쌓인 금액의 정도를 추정할 수 있도록 하고 있다.

당일의 활동량을 체크해 주는 애플워치[30]

나이키 러닝클럽(NRC)          당근마켓          카카오뱅크

## 작은 성과라도 시각화하라

독서 앱 '북적북적'은 읽은 책을 입력만 하면 마치 귀여운 독서기록 다이어리 한 권을 선물받는 느낌을 준다. 귀여운 캐릭터들과 함께 심플한 UI를 적용해 읽은 책의 목록을 확인할 수 있도록 하고, 히스토리 차트까지 제공해 월별 독서량을 확인할 수 있도록 하고 있다.

귀여운 독서기록 다이어리와 같은 느낌을 주는 '북적북적' 앱

'간단'은 자신이 설정한 시간 동안 간헐적 단식을 도와주는 습관 앱이다. 기록 분석은 유료지만 단식일과 식단, 운동 및 수분 섭취 정도 등 일자별로 기록할 수 있는 부분은 무료로 제공돼 누구나 쉽게 스스로 단식 관리를 하는데 최적화되어 있다. 하지만 군이 앱에 기록하지 않더라도 푸시 기능, 단식 소요시간 기능만으로도 사용자가 최대한 간헐적 단식 의지를 유지할 수 있는 환경을 제공하고 있다는 점이 인상적이다.

## 간헐적 단식 앱 '간단'

· · ·

지금까지 습관을 만드는 3가지 조건을 살펴보았다. 결국 인간의 익숙한 행동패턴에 착안해 멈출 수 없는 서비스 이용습관을 만들어 내는 것이 사용자의 앱 체류시간을 늘리고, 리텐션을 높임으로써 수익까지 연결될 수 있음을 알 수 있다. 이외에도 다양한 조건들이 있을텐데, 자신만의 서비스 분석노트에 다양한 사례와 조건을 추가해 보자.

# 사이드 프로젝트 시작 전
# 알아두면 좋은 4가지 노하우

# 작은 목표로 쪼개기

바야흐로 '사이드 프로젝트의 시대'가 시작되었다. 급여소득만 가지고는 치솟는 물가와 불안한 미래를 보장할 수 없기에 취미를 벗 삼아 업으로 전환하려는 목적도 있고, 본업에 지쳐 자아를 잃어가는 사람들이 안식처를 찾아 떠나는 여정이 되기도 한다. 또한 IT 서비스를 만드는 장벽이 낮아지면서 평소 내가 원하던 서비스를 출시하기 위해 배움과 실전을 병행하며 사이드 프로젝트를 추진하기도 한다.

특히 기획자를 꿈꾸는 사람이라면 누구나 한 번쯤은 나만의 서비스를 론칭해 보고 싶은 목적에서 사이드 프로젝트를 꿈꾸고 있을 것이다. 서비스 론칭의 전 과정을 조율하고 비록 내가 디자이너나 개발자는 못 되지만 배움과 성장, 그리고 평소 호기심을 가지고 작게라도 해결책을 내보고 싶은 것이 기획자의 마음이라고 생각한다. 하지만 사이드 프로젝트를 하기 전에 몇 가지 기억해야 할 것들이 있다.

• • •

막상 사이드 프로젝트를 시작하려고 하면 어떤 것부터 해야 할지 애매할 수 있다. 막막할 땐 평소 하고 싶었던 것들을 적어보는 것부터 시작하면 된다. 이때 주의할 점은 너무 큰 단위로 생각하지 않는 것이 중요하다. '직무 전문가가 되야지' '재테크 공부도 해야지' '아침에 명상을 해야지'라는 것들은 교장 선생님의 훈화 말씀 같은 느낌이다.

이처럼 막연한 큰 덩어리의 목표를 실천형 목표로 바꾸기 위해서는 먼저 핵심목표를 설정하는 것이 필요하다. 그러기 위해서는 다음과 같이 세부 목표를 설정해 본인이 하고 싶은 것을 구체화하는 작업을 해야 한다. 이때 세부 목표는 실행 가능한 목표가 될 수 있도록 주기, 횟수, 시간 등을 함께 표기하는 것이 좋다.

**1단계) 핵심목표 설정하기**

| 순위 | 목표 | 세부 목표 |
|---|---|---|
| 1순위 | 경제적 자유를 독립하고 싶다 | 3n살까지는 약 n억대의 서울 인근의 집을 마련한다 |
| | | 월 n만원의 부수입 창출을 위해 최소 n개의 사이드 프로젝트를 한다 |
| | | 주식에 대한 기초 지식을 3개월 내에 습득한다 |
| 2순위 | ✓<br>직무 전문가가 되고 싶다 | 서비스 기획과 관련된 주제로 주 또는 월 n회 글을 작성한다 |
| | | 조직문화, 운영 프로세스 개선과 관련된 아티클을 출근 전 약 n분 정도 읽는다 |
| | | 월 주기를 정해두고 자기 회고를 한다 |
| 3순위 | 건강한 삶을 유지한다 | 배달음식은 주 n회로 줄이고 직접 요리해서 식단을 구성한다 |
| | | 출근 전 명상과 요가를 적어도 n분 이상 하도록 한다 |
| | | 격주마다 n회씩 야외 러닝을 통해 신체 협응력을 기른다 |

# 나에게 맞는 작업시간대 파악하기

다음으로 스스로에게 하루 몇 시간의 여유를 낼 수 있는지 체크하고 자신에게 맞는 시간대를 찾아야 한다. 나는 아침형 인간도 저녁형 인간도 아닌 그냥 '잠이 많은 인간'이다. 사이드 프로젝트를 하기에 적합한 사람은 아니었지만 퇴근 후 나와의 약속을 한 가지 했다. '밤 8시는 나와의 약속시간. 아무리 힘들어도 그 시간은 나와 마주하는 시간'이라는 약속이다. 회식이 있거나 다른 약속이 있는 경우에는 밤 11시부터라도 1~2시간은 꼭 작업을 하기로 스스로에게 약속했다. 어찌 보면 내 시계는 오후 8시 이후부터 진짜 삶이 시작된다고 볼 수 있다.

물론 이렇게 계획을 숨 막히게 짜놓을 필요는 없다. 직장인이기 때문에 변수도 많은 만큼 내 시간에 대한 메타인지(자신이 아는 것과 모르는 것을 정확히 구분하는 능력)를 넓혀간다는 차원에서 그려보는 게 좋다.

## 2단계) 요일별 작업가능한 시간을 파악하고, 목표별 액션아이템 도출 및 소요시간 파악하기

| | 월 | 화 | 수 | 목 | 금 | 토 | 일 |
|---|---|---|---|---|---|---|---|
| 출근 전 | 1시간 | | | | 출장 | 운동 | 3시간 |
| 출근 후 | 4시간 | | | | 운동 | 미팅 | 3시간 |
| 총계 | 5시간 | | | | - | - | 6시간 |

| 세부 목표 | 세트명 | 액션 아이템 | 소요시간 (일 기준) |
|---|---|---|---|
| 서비스 기획과 관련된 주제로 주 또는 월 n회 글을 작성한다 | 세트1 | • 데이터 역량 함양을 위한 SQL과 파이썬 학습 | 1시간 |
| | | • 자기 회고를 통해 배운 점을 직무 지식과 연관시켜 격주 1회 A4 2장 내외 분량의 브런치 작성 | 1시간 |
| 조직문화, 운영 프로세스 개선과 관련된 아티클을 출근 전 약 n분 정도 읽는다 | 세트2 | • 출근 전 관련 아티클을 읽으며 본문의 내용 요약과 내 생각을 짧게 커리어리에 주 2회 기재 | 30분 |
| | | • EO채널을 보며 다양한 스타트업의 기업 운영 사례, 비즈니스 혁신 사례를 읽으며 느낀 점과 아이디어를 노션에 격주 1회 기록 | 1시간 |
| 월 주기를 정해두고 자기 회고를 한다 | 세트3 | • 업무 중 배운 점이 있다면 노트에 바로 기록 | 30분 |
| | | • 일주일 중 1회 씩 회고 노트를 작성하며 배운 점을 구체화하며 관련 지식을 찾아 심화하기 | 1시간 |
| 총계 | | | 5시간 |

# 어느 상황에서도 사용가능한 SET 구성법 익히기

하루에 투입할 수 있는 시간을 알았고 내가 해야 할 계획을 상세하게 세웠다면 SET 단위로 계획들을 묶는 작업이 필요하다. 가령 웨이트 트레이닝을 하는 경우 일주일의 운동 구성방법을 3분할(모든 운동 부위를 3등분으로 분할해 3일 주기로 훈련), 5분할(5개의 부위로 나누어 5일 주기로 운동), 무분할(부위를 나누지 않고 하루에 전신 부위를 운동하는 방법)로 나눠서 하는 것과 같은 방식이다. 이처럼 자신이 짠 프로젝트의 경우도 세부적으로 나눈 루틴들을 한 바구니에 담는 요일 단위의 SET 구성법이 필요하다.

예를 들어 데이터 관련 공부의 SET를 선택한 날이라면 파이썬 25분 이러닝 시청 및 지난 시간 내용 복습, SQL 첫걸음 서적 25분 독서 및 실전 연습, 브런치에 올라온 현업자의 데이터분석 사례 2편 25분 정독 등으로 구성할 수 있다. 그리고 재테크 SET를 선택한 날에는 주식 차트분석 n회차 영상 25분 시청, 기업분석 25분, 메타버스 관련 서적 25분 독서 등으로 구성해 볼 수 있다.

이렇게 한 주제가 아닌 최소 2개 이상의 SET로 일주일의 일정을 채우는 이유는 효율성 때문이다. 아무리 좋은 프로젝트라도 하나의 계획만 실천하다 보면 그것이 지겹고 단조로워지기 마련이다. 그래서 일주일에 성격이 다른 2개 이상의 SET로 프로젝트를 구성해 늘 긴장감 있게 배움에 대한 깊이를 더해 나가는 것이 좋다.

**3단계)** 주별·요일별 루틴을 파악한 후 SET 단위로 다시 만들어 그날의 상황에 맞게 따라 선택한다.

| 월 | 화 | 수 | 목 | 금 | 토 | 일 |
|---|---|---|---|---|---|---|
| 출근 전 | 세트1<br>1/3 | 세트2<br>1/2 | 출장 | 운동 | 세트1 | 세트3 |
| 퇴근 후 | 세트1<br>2/3 | 세트2<br>1/2 | 운동 | 미팅 | 세트2 | |

## 애자일의 원리에 따라 프로젝트를 진행하려면 '기록'을 하자

미국에서 흔하게 사용되는 TIL은 Today I Learned의 약자로, 그날 공부한 것을 바로 정리하는 것을 뜻하는 말이다. TIL은 특히 개발자들 사이에서 많이 활용되고 있는데, 대개 깃허브에 개발자들이 자신이 개발한 서비스의 버전 관리와 작성했던 코드를 공개하며 스스로 학습한 것과 아쉬운 점, 좋았던 점을 함께 코멘트로 남겨두곤 한다.

필자도 이 방식을 활용해 공부했던 내용과 업무 중 느낀 점을 브런치에 남기며 스스로 리뷰를 남기고 있다. 보통 엑셀에 따로 정리해 시트마다 기록을 하는데, 이 중 주위 사람들과 함께 공유하고 싶은 것은 브런치에 글로 남긴다.

기록은 사이드 프로젝트를 진행하는 동안 계속되어야 한다. 마치 면접이 끝나고 며칠 뒤 면접 내용을 복기하려고 하면 기억이 잘 나지 않는 것처럼, 프로젝트를 하면서 느끼는 순간의 감정과 배움, 아쉬웠던 점과 다음에 실수하지 않기 위해 다짐한 것들은 즉시 기록하지 않으면 잊히기 십상이다. 또한 기록은 그 자체로 의미가 있다. 프로젝트의 성공 여부와 상관없이 끝을 마무리 짓지 못했더라도 진행하는 동안 내가 배운 것들을 기록해 타인과 공유하며 온라인에서 피드백까지 받을 수 있다면 그 여정 자체만으로도 의미 있는 경험이기 때문이다.

수행한 것, 배운 것, 좋았던 점, 아쉬웠던 점을 기록한 나만의 TIL

프로젝트와 회사 업무를 병행하며 느끼고 배웠던 것들을 정리해 둔 브런치와
출판 프로젝트를 시작하며 책을 만드는 과정을 영상으로 남겨두었다.

# 앱 출시 없는 반쪽짜리 사이드 프로젝트 경험기

# 1

# 사이드 프로젝트의 첫걸음

사이드 프로젝트 실행을 위해 필요한 4가지 노하우를 익혔다면 이제 실전으로 돌입할 단계다. 하지만 그럼에도 불구하고 여전히 아이템을 찾지 못했거나 미디어의 영향으로 인해 거창한 사이드 프로젝트를 생각하는 사람들이 많다. 앱 출시와 스마트 스토어, 유튜브와 블로그 등 이름만 들어도 익숙한 사이드 프로젝트이지만 계획, 학습, 실천까지 가기에는 부담이 큰 프로젝트들이다. 그래서 이번 장에서는 서비스 기획자를 위해 작게 시작하지만 큰 성과를 얻을 수 있는 사이드 프로젝트 3가지를 소개해 보고자 한다.

특히 이번 장에는 필자가 직접 한 달가량 짧게 진행했던 '사이드 프로젝트 여정기'도 포함되어 있다. 당시 진행했던 프로젝트는 실제 앱 출시까지는 하지 못했다. 하지만 기획자들에게 앱 출시 경험이 얼마나 소중하고 앱 출시를 하기까지 마음의 장벽이 크다는 것을 잘 알기에 용기를 내어 부족한 경험기를 공유하고자 한다. 부디 이 글을 읽는 독자들도 '사이드 프로젝트'라는 단어 자체에 짓눌리지 않기를 바라는 마음이다.

## 사이드 프로젝트의 첫걸음은 글쓰기

첫 번째 사이드 프로젝트는 글쓰기다. 글쓰기는 모든 사이드 프로젝트의 기초 재료가 된다는 점에서 사이드 프로젝터로 살아갈 분들이라면 모두가 이행해야 할 프로젝트라고 생각한다. 글쓰기가 먼저 훈련되어야 하는 이유는 글을 쓰면서 기를 수 있는 구조적 사고 때문이다. 형체가 없던 문제에 대해 문제해결을 위한 관점에서 바라보면 스스로의 생각을 정리할 수 있다.

글쓰기가 어색한 사람들은 다이어트 도전기, 회사에서 상사와 있었던 일, 오늘 자기 전에 떠오른 생각 등 어떤 주제이건 상관없이 기록해 보자. 다만 글은 쓰고 싶을 때 써야 하고 글감이 떠올랐을 때 써야 숙제 같지 않고 미루지 않게 된다. 습관이 될 때까지 기상 후, 출근 전, 자기 전, 점심 식사 후의 시간에 5~10분 정도 생각난 주제를 그저 적어보자. 그리고 이런 방법으로 글쓰기에 대한 심리적 거부감이 없어졌다면 사회 현상에 대한 문제의식으로 글쓰기를 확장해 보자. '한때 핫했던 클럽하우스는 왜 갑자기 인기가 식었을까' 'NFT가 성행하는 이유는 무엇일까' '중고거래는 커머스일까 아니면 단순 커뮤니티일까' 등 IT 업계에서 일어나는 이슈에 대한 자신만의 궁금증을 자문자답해 보며 기획자로서 바라보는 문제의식의 기준들을 수립해 보는 것이다. 이렇게 쌓인 글쓰기 습관은 기획자의 소통언어인 '문서'를 쓰는데 있어 큰 도움이 된다.

참고로 나는 글쓰기 습관을 들이기 위해 '씀' 'MyToday Life' 'Pencake' 등의 앱을 활용하고 있다.

# 고객자문단 활동하기

2

글쓰기 훈련을 통해 자신만의 관점과 사고를 갖췄다면 서비스 기획자로 거듭나기 위한 도전이 필요하다. 물론 애초부터 기획자였던 사람들이라면 사이드 프로젝트가 가능하겠지만, 관련 경험이 없는 다른 직군의 현직자나 취업 준비생들의 경우는 서비스를 단기간 내에 입체적이고 깊이 있게 분석할 수 있는 방법으로, 두 번째 사이드 프로젝트인 '고객자문단'을 추천한다. '고객자문단' '소비자모니터링' '소비자위원' '고객평가단' '고객패널' 등의 키워드로 검색하면 된다.

## 고객자문단 활동의 장점

고객자문단을 추천하는 이유는 크게 3가지이다.

우선 경험과 연령에 상관없이 누구나 지원할 수 있다. 지원하는 기업의 서비스에 대한 충성도가 높고 서비스에서 제공되는 콘텐츠를 자주 사용해 본 사람이라면 고객자문단으로서 필요한 고객의 소리를 내는데 부족함이 없기 때문이다.

| | | |
|---|---|---|
| 현대백화점 | 우리은행 | 롯데홈쇼핑 |
| 카카오뱅크 | 미래에셋증권 | 웰컴저축은행 |

두 번째 이유는 서비스를 만드는 사람과 고객의 목소리를 동시에 들을 수 있기 때문이다. 자문단 활동을 할 경우 다른 활동위원들의 의견도 청취할 수 있다. 각자 다양한 환경에서 일하고 있는 위원들의 의견은 내가 보지 못한 부분의 디테일들을 배울 수 있어 고객 관점의 사고를 폭넓게 하는데 도움이 된다. 특히 자문단은 서비스가 론칭되기 전 테스터로도 활동할 수 있기 때문에 시장에 공개되지 않은 서비스와 상품들을 접할 수 있는 기회가 되기도 한다. 이를 통해 업계 트렌드와 주요 기업이 어떠한 방향으로 비즈니스 전략을 펼치는지 간접적으로 이해할 수 있

어 기획자에게 필요한 비즈니스의 방향성을 익히는 기회가 된다.

세 번째는 자문단 활동이 나름의 좋은 강제성을 가진다는 것이다. 주차별 또는 월별로 상품과 서비스·마케팅 등 다양한 주제의 미션을 다루게 되며, 활동기간 동안 별도의 보상이 주어진다. 애자일의 관점으로 대입해 보면 일정 주기(스프린트)를 가지고 미션을 완수하게 되며, 완수한 미션에 대해 기업 담당자와 위원들과 피드백을 주고받으며, 미션 달성률과 달성 정도에 따라 많지는 않더라도 현금성 포상 또는 기업 혜택(보상)을 받을 수 있다. 정해진 일정 속에 끊임없이 할당되는 미션을 수행하면서 개인의 의지만으로는 하기 어려운 '서비스 심층분석'을 자문단 경험을 통해 시도해 보는 것이다.

**회사 업무 중에도 내 서비스처럼 활동했던 자문단 활동**

# 나 홀로 사이드 프로젝트 – 스모크 테스트

필자가 진행했던 사이드 프로젝트는 '스모크 테스트' 형태의 프로젝트다. 스모크 테스트(Smoke Test)란 제품 출시 전 아이디어 검증 테스트를 뜻하는 단어로, 제품과 관련한 웹페이지를 만들고 실제 상품이 출시되지는 않지만 웹페이지로 유입되는 유입률을 확인해 관심도, 좋아요 수, 조회 수를 확인하는 것이다. 아이디어를 미리 검증해 서비스 개발에 대한 니즈를 확인한다면 추후 팀을 모아 서비스를 개발하는 데 유용할 것이라고 생각했다. 남(회사)의 서비스를 운영하며 고도화만 해봤던 내가, 만들고 싶은 서비스 컨셉의 아이디어를 검증하는 것만으로도 고객 중심의 사고를 실행으로 옮겨보는 듯한 뿌듯함을 느꼈다. 스모크 테스트의 과정은 다음과 같다.

## STEP 1) 아이데이션 : 평소 '이게 있었으면 좋겠다'를 떠올려 보기

한순간에 갑자기 아이디어가 떠오르지 않는 만큼 평소 나는 '생아노 (생각나면 적는 아이디어 노트)'라는 노트를 만들어 개인적으로 따로 메모를

| 아이디어 명 | AI 및 NFT 기술을 활용한 대국민 아이디어 공모전 서비스 |
|---|---|
| 제품명 | 모카 (모두의 카피) |
| 핵심설명 | AI 및 NFT 기술을 활용한 아이디어 공모전 서비스 |
| 제안배경 | 1) 핵심타깃<br>① SNS 및 커뮤니티 內 댓글놀이를 좋아하는 2030<br>② N잡에 관심을 보이고 추가 수입원 획득을 위해 노력하는 2030<br><br>2) 서비스 제공 이유<br>① 기업<br>- 신규 상품 출시 전 상품의 성공 여부를 파악하기 어려워 리스크 확대<br>- 제품 출시 전 고객의 사전 반응을 확인하기 어려움<br>② 일반 사용자<br>- N잡 수단 중 하나인 쿠팡 파트너스, 네이버 블로그의 활동이 시간과 노력 대비<br>　확실한 수익을 보장하는데 한계가 있음 |
| 유사 서비스 | https://www.loud.kr/ |
| 핵심가치 및<br>해결방법 | 1) 핵심 기술<br>- AI 기술을 활용해 댓글을 모니터링하고 부상에 따라 암호화폐를 부여함<br><br>2) 구현 기술 상세 (해결 방안 또는 비즈니스 모델 개요)<br>① 기업 : 기업이 새로 개발할 상품/서비스를 모카에 업로드 후<br>　제품의 간단한 설명을 토대로 광고, 마케팅 고민을 기재<br>② 고객 : 일반 사용자들은 기업의 니즈를 토대로 드립 또는 참신한 문구, 슬로건 등을<br>　'댓글'로 제안<br>③ 보상 : 순위에 따라 선정된 사용자에게는 코인 제공, 기업이 실제 채택시<br>　추가 인센티브 제공 |

해두고 있다. 길을 걷거나 혹은 커뮤니티를 보거나 글을 쓰며 내 생활반경을 돌아볼 때 이런 서비스가 있었으면 좋겠다는 생각이 드는 것들을 그때마다 기록해 두는 편이다. 이때 간단한 메모도 좋지만 아이디어를 검증하기 위해서는 핵심설명(what), 제안배경(why), 핵심가치 및 해결방법(how)의 3가지를 템플릿에 기재해 둔다.

핵심설명(what)은 한 문장 안에 고객에게 제공하려는 가치제안을 담아 서비스를 설명하는 부분이다. 제안배경(why)에는 메인 타깃과 그들의 Pain point, 경쟁현황을 적어둔다. 마지막 핵심가치 및 해결방법(how)에는 그들의 문제를 해결하기 위해 어떤 대안을 적용해야 하는지를 기술한다. 구체적이지는 않더라도 실현가능한 수준에서 구현되기 위해서는 어떤 것들이 고려되어야 하는지 적어두는 것이 좋다.

이러한 3가지의 아이디어를 통해 '모두의 카피'(이하 '모카'(copywriting))라는 신개념 광고 플랫폼을 기획해 보기로 했다. 평소 커뮤니티의 댓글을 유심히 살펴본 결과 한국인들의 댓글놀이는 웬만한 카피라이터를 능가하는 수준이라고 느꼈기 때문이다. 이들에게 리워드가 제공되는 새로운 형태의 앱이 있다면, 단순히 댓글놀이로만 치부하는 재미있고 뛰어난 유머 감각을 지닌 댓글들이 사장되지 않고 생산적으로 활용될 수 있지 않을까라는 생각이 들었다. 이처럼 기록을 통해 실제 서비스화 될 수 있도록 아이디어를 구체화하는 것을 '아이데이션'이라고 한다.


## STEP 2) 스모크 테스트의 목표 설정 : MVP가 없다면 아이디어를 검증하기 위한 작은 목표를 설계하기

물론 서비스의 MVP를 가지고 고객의 반응을 확인하면 좋겠지만, 빠른 결과를 원했던 나는 간단한 앱 화면 디자인 몇 개를 통해 주위의 반응을 확인해 보고 싶었다. 이를 위해 검증하고자 하는 목표를 먼저 설정했다. 시장에서 해결되지 않은 문제를 내가 해결할 수 있는지 비즈니스 목표를 구체화하는 단계라고 할 수 있는데, 이를 'PoC(Proof of Concept)'라고 한다. 개념 실증이라고 불리는 PoC는 새로운 프로젝트의 실현 가능성, 효과와 효용을 기술적인 관점에서 검증하는 것을 뜻하며, 신약개발, 공학, 보안, 소프트웨어 개발 등 다양한 분야에서 사용되는 용어이다.

물론 진행했던 프로젝트에서 새로운 기술은 없었지만 PoC를 협의적으로 해석해 수요를 검증하는 차원으로 단어를 재정의했다.

### 달성하고자 하는 비즈니스 목표 정리

| 모카 PoC 목표 설정 | | |
|---|---|---|
| 목표 | 내용 | 세부 목표 |
| 보상형 광고 플랫폼에 대한 소비자의 현재 기호도 검증 | 이미 시장에서 안정적으로 자리잡은 리워드 앱(걷기, 광고보기, 퀴즈풀기 등) 대비 보상형 광고 앱(스팀잇)은 아직 시장에 정착하지 못했으며 서비스 유형이 다양화되지 못함 | 모카 서비스의 SNS 광고 집행 후, 게시물 클릭 수 50회 달성 (컨셉에 대한 고객 이해도) |
| 모카에 입점할 기업 수요 검증 | 리워드/보상형 광고 서비스의 단골 기업인 게임 기업 外 다양한 기업들의 니즈를 반영할 수 있을지 확인 필요 | 매체 제안서 작성 및 발송 후 섭외 기업 5곳 이상 |

## STEP 3) 가설 설정 : Pain point에 기반한 기능 구체화 단계

스모크 테스트를 위한 비즈니스 목표를 설정했다면 서비스를 주로 사용하게 될 고객의 Pain point를 중심으로 한 가설을 설정한다. 이후

### 서비스의 밑그림을 그리기 위한 가설 설정

| 상세 기능 요건 정의를 위한 가설 설정 | | |
|---|---|---|
| Pain point | 가설 | 가설 검증을 위한 서비스 기능 및 정책 정의 |
| 기업 고객은 조금 더 저렴한 비용해서 자사의 신제품을 광고하고 싶어한다. | 기업은 더 저렴한 비용으로 효과적인 광고 집행을 원한다. | 공모전 참여에 대한 별도의 비용은 지불하지 않으며, 자신들이 찾는 적정 콘텐츠(댓글)가 있을 때만 비용을 지불한다. |
| 기업 고객은 자사의 브랜드에 적합한 매체를 찾는데 고민이 많다. | 기업은 자사 브랜드 아이덴티티가 잘 들어날 수 있는 새로운 형태의 광고 플랫폼이 있다면 참여할 의사가 있다. | 기업의 출시 예정인 상품이 캐러셀 형태로 노출되도록 해 사람들의 관심을 한 번에 받을 수 있도록 한다. |
| 일반 사용자는 콘텐츠에 들이는 노력 대비 더 큰 경제적 성과를 얻고 싶어 한다. | 일반 사용자는 돈 버는 콘텐츠(댓글)를 작성하는데 쉽고 간편하게 참여하고 싶어한다. | 등록한 콘텐츠(댓글)가 기업에게 채택되거나 가장 많은 '좋아요'를 받은 경우 별도의 보상을 준다. |

이를 해결할 수 있는 대안이 서비스의 기능단위(여기에서는 목표)로 기술될 수 있어야 한다. 목표는 반드시 서비스를 통해 어떤 효익을 얻을 수 있는지 결과론적인 관점에서 기술되어야 한다.


## STEP 4) 사전 설문조사 진행 : 내 가설의 적중률은?

임의로 설정한 가설이 고객의 생각과 동일한지 살펴보기 위해서는 설문조사를 진행해야 한다. 이는 최소한의 시장 수요를 파악할 수 있는 수단이며, 노력 대비 가설 검증에 효과적인 수단이다.

SNS 및 커뮤니티 이용 여부, 댓글 작성 여부, 댓글 작성을 넘어 댓글놀이에 참여해 본 경험 유무, 새로 론칭할 서비스 컨셉 설명 및 사용 여부, 기업 고객이라면 광고를 집행할 플랫폼으로 삼고 싶은지 등을 조사했다.

가설을 한 번 더 복기해 보면 다음과 같다.

- 기업은 더 저렴한 비용으로 효과적인 광고집행을 원한다.
- 기업은 자사 브랜드 아이덴티티가 잘 드러날 수 있는 새로운 형태의 광고 플랫폼이 있다면 참여할 의사가 있다.
- 일반 사용자는 (돈 버는) 콘텐츠를 작성하는데 쉽고 간편하게 참여하고 싶어한다.
- 사용자는 댓글 기능 공유에 대한 니즈가 있다.

그리고 설문의 결과는 다음과 같았다.

## 댓글놀이에 착안한 신개념 광고 리워드 서비스 기획 관련 설문

안녕하세요 :)

본 설문은 온라인 상에서 댓글놀이 문화를 바탕으로 일반 대중들의 뛰어난 카피라이팅 능력에 기반해, 출시 전 상품을 먼저 접하며 제품명과 광고 슬로건을 정하고 채택 시 사용자가 리워드를 받을 수 있는 신규 서비스를 만들기 위한 기초 설문 항목으로 이루어져 있습니다.

응답해주시는 모든 내용은 익명으로 처리되며 작성된 설문 내용은 중요한 기초 자료로 이용될 예정입니다. 또한 연구 목적 이외에는 절대 사용하지 않음을 약속 드립니다.

소요시간은 3분 미만입니다. 귀한 시간을 내주셔서 미리 감사드리며 궁금하신 내용은 아래의 메일로 언제든 문의주시기 바랍니다.

- 기업 고객은 비용보다 효율성이 나오는 매체에 더 집중한다. 그렇지 않다면 차라리 비용을 더 주고서라도 언드 미디어(인플루언서를 통한 PR)에 투자하고 싶어한다.
- 고객은 보상에 민감하다. 리워드 앱의 핵심은 '참여하기 쉬운 형태의 보상활동'이며, 그 활동의 형태는 크게 개의치 않는다.
- 고객은 자신의 기여로 기업 제품 출시에 기여한다는 심리적 만족보다 리워드에 더 초점이 맞춰져 있다.

설문 후 필자가 느꼈던 것은 '기업 고객을 위해서라면 앱의 톤앤매너가 너무 가볍지 말아야겠구나'라는 것과 '보상이 좀 더 잘 드러날 수 있도록 앱을 만들어야 사람들이 다운받겠구나'라는 것이었다.

## STEP 5) 정보구조도 작성 : 고객의 반응을 확인하기 위해 최소단위로 작성하기

가설과 설문조사를 바탕으로 화면의 뼈대를 만드는 정보구조도를 작성한다. 일반적인 정보구조도의 작성과 다른 것은 깊이(Depth)이다. 내가 사이드 프로젝트를 하며 세운 원칙은 어디까지나 '이런 서비스가 세상에 나왔을 때 과연 고객들이 사용할까?'를 확인하려고 했던 것이기 때문에 Depth 2단계가 넘어가지 않는 선에서 간단하게 작성해 보았다. 디자인이 바로 가능하도록 사용자 플로우를 화살표로 표기해 주면 작업이 훨씬 용이하다.

회원 가입과 로그인, 홈 메인까지만 그려본 정보구조도

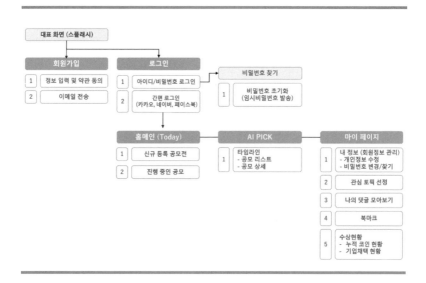

## STEP 6) 화면 설계 및 디자인 : 최소기능과 브랜딩이 드러날 수 있도록 만들기

코딩과 디자인을 통해 앱을 개발하는 것이 아니었기에 최대한 실제 앱을 사용하는 듯한 화면을 그리는데 집중했다. 정보구조도 상의 단계별 화면을 보여주지는 않지만, 앱의 핵심기능과 앱의 브랜딩 톤이 잘 드러날 수 있도록 설계했다.

## STEP 7) 고객 반응 살피기 : SNS 광고를 통한 스모크 테스트

미국에서 '모닝리커버리'라는 숙취음료를 만든 82랩스의 이시선 대표는 출시되지도 않은 상품의 수요를 파악해 2,000달러어치의 주문을 미리 접수받은 이력이 있다.[31] thehangoverdrink.com(숙취닷컴)이라는 사이트를 만들어 상품 소개만 하고 소비자의 수요를 분석한 것인데, MVP도 아닌 제품 증명단계에 있는 나 역시 이 방법을 차용해 간단하게 앱 디자인을 만들어 보았다.

그리고 페이스북과 인스타그램 광고를 통해 서비스의 컨셉만 보고 링크를 누를 것인지 하는 간접적인 수요를 파악해 보았다.

페이스북과 인스타그램 광고를 추천하는 이유는 저렴한 비용으로 효과적인 수요조사가 가능하기 때문이다. 나는 앱 진입 시 나타나는 스플래시 이미지를 광고 이미지로 설정했고, 신규 서비스의 개념을 압축해 '직장인' '코인'이라는 키워드를 활용했다. 또한 링크를 클릭하면 랜딩

## 피그마로 그린 앱 디자인

## 페이스북과 인스타그램 광고 집행화면

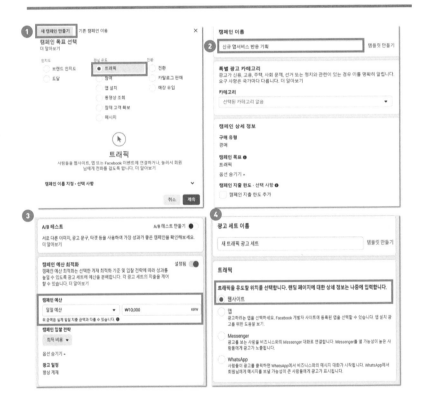

① 우선 페이스북 광고관리자 페이지에 접속 후, 새 캠페인 만들기를 클릭한다. 그리고 자신이 목적으로 하는 캠페인 목표를 클릭한다.

② 캠페인의 이름을 설정한다. 카테고리는 특별한 주제가 아니면 미설정으로 둔다.

③ 캠페인 예산을 설정한다. 일 지출한도와 광고기간을 설정해 예산의 총비용을 정한다. A/B테스트를 하고 싶은 경우 A/B테스트를 활성화하면 된다.

④ 트레픽을 유도할 위치를 선택한다. 일반적으로는 '웹사이트'나 '앱'을 선택한다.

⑤ 광고 집행날짜를 설정한다. 이때 종료날짜를 설정하지 않으면 일 지출금액이 계속 소진되니 주의한다. 타깃은 여러분의 서비스가 특정 세대를 타깃으로 한 것이 아니면 기본 설정값으로 그냥 두면 된다.

⑥ 노출위치와 최적화 및 게재를 선택한다. 최적화 기준은 여러분이 페이스북과 인스타그램에서 사용자의 페이지 조회를 유도할지, 클릭을 유도할지, 아니면 단지 다른 사용자의 타임라인에 최대한 많이 노출되기를 목표로 하는지에 따라 선택하면 된다.

⑦ 페이지 기반으로 광고를 집행하는 페이스북과 인스타그램 특성상 임의의 페이지를 만들어야 한다. 이후 집행될 광고의 이미지를 만들어 업로드 후, 집행되는 광고의 이미지를 미리 조회할 수 있다.

페이지가 아닌 기존에 활용한 설문조사 링크로 이어지도록 했다. 광고 집행의 결과는 다음과 같다.

실제로 집행된 광고 화면

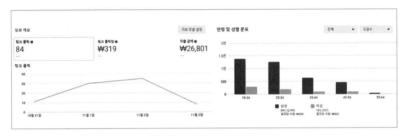

3일 동안 집행한 광고의 클릭 수, 클릭당 비용, 지출금액과 연령 및 성별에 따른 광고 결과

3일이라는 짧은 기간 동안 3만 원 미만의 광고 예산을 집행한 결과, 첫 번째 목표였던 '보상형 광고 플랫폼에 대한 니즈 - 광고 게시글 클릭 수 50회 이상'을 달성할 수 있었다. 광고 성과로는 형편 없는 실적이었지만 시장의 작은 수요가 있다는 것을 확인할 수 있었다.

## STEP 8) 액션플랜 짜기

초기에 설정했던 PoC 목표 중 2번과 3번을 검증하기 위해 매체제안서와 앱 론칭을 했어야 하지만 어디까지나 시장의 니즈를 발견하기 위한 프로젝트였기에 더 이상의 진행은 하지 않았다. 이 계획을 토대로 사이드 프로젝트를 더 진행했다면 와이어프레임과 플로우차트 그리기(앱의 구조를 더 채워나가기), 디자인 컨셉 재논의(사용자에게 더 어필되기 위한 색상과 레이아웃, 서비스 명 등을 검토), 개발 및 QA테스트 진행, 앱 배포 및 사용자 설문조사 진행 등을 2주 단위로 진행해 보았을 것이다.

• • •

지금까지 앱 출시 없는 사이드 프로젝트를 강행했던 이유를 생각해 보면 다음과 같다.

- 고객의 의사를 확인하기 위해 꼭 대면조사를 할 필요는 없다. 온라인에서도 충분히 가능하다.
- 고객의 수요는 실제 제품이 없어도 알아낼 수 있다. 그리고 이 수요를 바탕으로 비즈니스 기획의 과정을 간접적으로 경험해 볼 수 있다.
- 회사에서 주어진 것이 아닌 나 스스로 문제를 발견하고 이를 해결하기 위해 가설과 PoC 또는 MVP를 만들어 가는 것은 기획자에게 꼭 필요한 경험이다.
- 서비스 출시 경험은 없지만, 스모크 테스트를 통해 직접 광고를 집행해 보는 경험을 가져보고 마케팅과 서비스 기획이 어떻게 연결고리를 가질 수 있는지 이해할 수 있었다.

2주도 안 되는 시간이었지만 사이드 프로젝트를 가로막는 것은 심리적 장벽이 더 크지 않았나 싶다. 여러분도 이 방법을 활용해 추후 아이디어가 생길 때마다 PoC가 가능한 개념으로 전환하고 아이디어의 시장 수용 가능성을 검증해 본다면 사이드 프로젝트에 대한 성공 가능성을 미리 점쳐볼 수 있을 것이다.

# 기획자들이 현업에서 배운
# 10가지 교훈

# 기획자에게 가장 필요한 것은 '소프트 스킬'

서비스 기획자를 꿈꾸는 사람, 그리고 현직에 있는 서비스 기획자 모두가 갖추어야 할 습관은 '이터레이션(Iteration)'이다. 짧은 기간 동안 개발된 서비스에 대해 고객에게 피드백을 받고 반복해서 고쳐나가는 시간을 일컬어 애자일에서는 '스프린트' 또는 '이터레이션'이라고 한다.

이터레이션이 기획자에게 필요한 이유는 끊임없는 반복을 통해 서비스를 개선하는 과정에서 '소프트 스킬'을 길러낼 수 있기 때문이다. '소프트 스킬'은 설득, 팀 운영능력, 시간관리, 인내심, 몰입능력, 유연성, 공감 등 기획자 평판에 결정적인 요소로 작용되는 기술이다. 반대되는 개념인 '하드 스킬'은 외국어 능력, 코딩 지식, 기획서 작성, 자격증 등 정량화된 업무기술을 뜻한다.

그렇다면 현업자들은 어떻게 소프트 스킬을 연마하고 있을까? 전략적 사고, 커뮤니케이션 스킬, 도메인 지식 등 검색하면 좋은 말들 일색이지만 정작 현실에서 직접 부딪히는 상황과 거기서 배운 러닝 포인트를 찾아 적용하기는 쉽지 않다. 그래서 직접 현업 기획자들을 만나 기획자에게 진짜 필요한 소프트 스킬에 대해 들어보고 그 내용을 정리해 보았다.

# 인턴과 신입에게 기대하는 그것

## Lesson 1) 질문만 잘해도 반 이상은 한다

인턴과 신입 때 자신을 빛낼 수 있는 가장 좋은 도구는 '질문'이다. 시키는 일을 우선으로 하되 주도적으로 생각하며 왜 이것을 해야 하는지, 본인에게 주어진 일이 전체의 큰 맥락에서 어떤 의미를 가지고 있는지 탐구하려는 자세는 결국 좋은 질문으로 이어진다. 그리고 이렇게 파생된 좋은 질문은 서비스의 방향과 목적에 맞게 스스로 문제를 정의하고 치열하게 해결하는 과정에서 본인이 겪은 과정을 설명하는 내용을 담고 있다.

사례 1

신입 :　선배님, 이번에 채팅 상담 서비스를 론칭하는데, 외주 개발사가 너무 답답해요. 제가 총괄 PM이지만 잘 몰라서 그런지…. 어떻게 해야 리드할 수 있을까요?

선배 :　연차가 늘면 역량이 쌓일 거예요. 걱정 말아요.

사례 2

신입 : 채팅 상담 서비스 론칭과 관련해서 문제가 좀 있어요. 채팅방 자동종료 기능에서 애초 저희 측에서 의뢰한 요구사항과는 다르게 특정 시나리오에서 오류가 발생했어요. 그래서 개발사 측에 QA 검토를 추가적으로 요청했지만 그럼에도 나아지는 게 없더라고요. 이런 유사한 프로젝트에서 선배님은 어떻게 접근하셨어요?

선배 : 이건 일단 ○○님께서 해결하기에 무리가 있을 것 같아요. 제가 개발사 PM하고 이야기해 볼게요.

사례 1과 2의 질문의 차이는 자신이 겪고 있는 문제에 대해, 문제해결 과정을 설명했느냐의 차이다. 사례 2처럼 과정이 포함된 질문은 듣는 이로 하여금 빠르게 이슈를 파악해 즉각적인 의사결정을 내리기 좋다는 장점이 있다. 아울러 한 발짝 더 나아가 먼저 피드백을 요청했다는 점에서 주니어 기획자의 집념을 표현하기에 더할 나위 없이 좋은 질문이었다는 것을 알 수 있다.

## Lesson 2) 핵심지표부터 챙기는 사람은 드물다

서비스의 핵심지표를 물어본다는 것은 자신이 어디에 집중해야 할지, 또 업무를 할 때 자신의 부족한 역량을 파악해 어떤 점들을 보완할 수 있는지를 생각하는 '메타인지(자신이 아는 것과 모르는 것을 정확히 구분하는 능력)'를 가진 인재라는 것을 반증하는 것이다. 그리고 근본적인 문제와 인사이트를 발굴해 낼 수 있는 질문을 연이어 제기할 수 있다는 것을 의미한다.

- 우리가 해결하려는 문제와 니즈는 무엇인가요?
- 핵심성과지표는 무엇인가요?
- 지금 하는 업무의 '성공' 여부는 어떻게 결정하나요?
- 이 기능이 전체 전략에서는 어떻게 부합하는 거예요?
- 비즈니스 관점에서 볼 때 이게 왜 좋은 거예요?
- 사용자가 여기서 왜 이런 행동을 하는 건가요?

## Lesson 3) 정보구조도와 플로우차트를 그려보자

인턴 또는 신입사원으로 배치받은 친구들에게 가장 먼저 주는 미션 중 하나는 정보구조도와 플로우차트를 그려보라는 것이다. 정보구조도 와 플로우차트가 사내에 있던 없던 간에 기획자가 서비스의 전체 구조 와 흐름을 파악하는 데에는 이만한 것이 없기 때문이다. 이는 앞으로 참 여하게 될 회의와 개발자·디자이너 간 협업 시 프로젝트의 진행상황을 빠르게 이해하는데 도움이 된다.

서비스에서 사용자가 목표행동까지 이르게 되는 Critical Path는 무엇 인지, 이에 걸맞는 정보구조도가 잘 그려진 것 같은지, 매출·사용자수· 전환율·유지율 등 서비스의 핵심지표는 제대로 파악했는지 유추해 보 는 과정을 통해 서비스의 방향성을 미리 파악해 볼 수 있다.

# 기획자도 가끔은 삽질할 수 있다

## Lesson 4) 매몰비용에 빠지지 말자

회사에서는 어느 영역에 속하는지 불분명한 업무를 '업무의 회색지대'라고 한다. 어느 날 임원의 요청에 따라 앱 내 특정 기능과 서비스를 제공했지만 고객들은 이를 불편하게 느끼고 이전의 기능을 계속 이용했다. 6개월이 넘는 기간 동안 기획자와 디자이너, 퍼블리셔, 개발자 등 많은 리소스가 투입되었음에도 효과는 좋지 않았다. 고객 반응이 없다 보니 결국 다시 이전 버전으로 돌아가게 되었고, 이후 더 좋은 서비스를 구축하기까지 많은 시간이 필요했다. 그런데 더 큰 문제는 기업 특성상 누구도 이에 대한 책임을 지지 않았다는 점이 PM으로서 무척이나 아쉬웠다. 비록 의사결정 권한이 임원에게 있지만, 왜 그때 좀 더 적극적으로 서비스를 원상으로 회복시키기 위해 다양한 설득방법을 사용하지 않았나 하는 아쉬움이 들었다. 기획자는 매몰비용에 편향되기보다 고객경험 가치를 저해하는 요인을 더 우선시해야 한다는 것을 느꼈던 경험이다.

- 다른 개발 건들의 우선사항을 검토했을 때도 우리의 결정은 바뀌지 않을까?
- 이해관계에 얽히지 않고, 사내정치와 관계없이 나는 아니라고 말할 수 있을까?

## Lesson 5) 경력이 쌓일수록 끊임없이 경계해야 하는 것

기획에서는 자기복제의 위험을 늘 경계해야 한다. 예를 들어 기존 플랫폼을 리브랜딩하는 프로젝트가 있다고 해보자. 이 경우 기획자는 이미 기존 플랫폼에서 해왔던 기획의 방식을 그대로 답습할 가능성이 크다. 하지만 기획자는 현재의 상황과 사용자의 니즈에 따라 어떤 케이스가 있는지 데이터를 보고 판단해야 한다. 아무리 참고하기 쉬운 레퍼런스가 있더라도 편함을 추구하기 위해 별다른 의심 없이 기존 방식을 그대로 차용하게 되면 자칫 고객이 원하는 서비스의 방향과 다른 결과물이 만들어질 수 있다. 연차가 쌓였더라도 다양한 레퍼런스를 찾아보며, 그것이 사용자에게 어떤 효과를 불러일으킬지 한 번 더 고민해 보는 과정은 연차와 관계없이 중요하다는 점을 강조하고 싶다.

# 현업에서 말하는 '데이터' 중심의 일상

## Lesson 6) 백오피스 기획은 무엇으로 성과를 증명하는가?

백오피스 기획자로서 가장 큰 고민은 '성과측정'이다. 회계, 물류, 마케팅, CS, 협력사 관리, 경영관리 등 다양한 서비스 운영은 물론 회사를 운영하는데 필요한 모든 지원요소가 다 담겨 있는 만큼 백오피스의 중요도가 높지만, 프론트 페이지 기획의 우선순위에 밀려 백오피스 기획은 관심을 덜 받는 경우가 많다.

백오피스 기획자들의 고충은 크게 3가지이다. 기획자 혼자만의 업무가 아닌 사내 관련 담당자들의 협조와 설계를 통해 완성되다 보니 논의가 잘못되면 업무 진행이 안 된다는 점, 프론트 페이지 기획과 다르게 눈으로 확인하기 전까지는 인지 자체가 안 된다는 점, 그로 인해 성과측정조차 '이전보다 편해졌어요' 정도로 평가되며 데이터로 증명이 안 된다는 점이었다. 그래서 사내에 없던 백오피스 기획의 성과측정 항목들을 최대한 가시화해 보는 과정을 정리해 보았다.

• 레거시 제거 : 기존의 비효율적인 업무 프로세스 제거

- 데이터 등록 및 수정에 걸리는 시간
- 개선 전/후 작업에 소요되는 시간
- 운영비용 절감
- 입점사 클레임 감소(협력사 백오피스)
- 고객상담 인입 건수 감소 및 처리시간 개선(상담 백오피스)

백오피스는 디자이너나 개발자가 아닌 전적으로 기획자의 의견과 기준에 따라 성과물의 차이를 보이는 영역이다. 따라서 현업의 요구사항을 충분히 수렴해 개발하지 않으면 '누구도 쓰기 불편한 시스템'이 되고 업무효율도 떨어져 유명무실한 것이 되기 쉬우니 성과지표를 포함해 백오피스 기획이 줄 '영향도'에 대해 늘 견지하는 자세가 중요하다.

## Lesson 7) 데이터를 볼 때는 자세하게 기술하자

이커머스 기획자로 일하다 보면 데이터 분석 담당자에게 다양한 데이터를 요청하는 경우가 자주 발생한다. 이때 명확하지 않은 개념적 정의로 인해 커뮤니케이션이 지연되는 경우가 많다. 구매전환율, 이탈률, 클릭률 등 대표적인 데이터 지표의 개념은 알고 있지만 기간과 고객군의 정의에 따라 완전히 다른 지표로 보일 수 있다는 것이다. 가령 '구매전환율'이 중요하다는 것은 모두가 다 아는 사실이지만 기준시점(분모)을 어느 시기로 할 것인지(앱 오픈 초기, 버전 몇 때부터 기준으로 잡을 것인지), 어떤 행동을 한 사용자(분자)로 기준을 정할 것인지(메인 페이지에서 바로 상품 구매 버튼을 누른 고객, 비회원으로 구매한 고객, 기획전 페이지에서 상품을 구매한 고객, 공유 버튼을 자주(자주라면 얼마나) 누른 고객인지 등)를 상세하게 정해야 한다. 쪼갤 수 있는 만큼 최대한 쪼개고 제한조건들을 명확히 한 상태에서 데이터를 요청해야 비로소 사내 데이터분석가와의 빠른 커뮤니케이션이 가능하다.

# 기획자에게 필요한 협업 스킬, 현실은 이렇다

## Lesson 8) 갈등을 줄이려면 정책 가이드를 미리미리 살피자

종합몰의 신규 브랜드 입점 프로젝트 중 CS 정책 기획을 담당하던 때였다. 이미 UX팀과 영업팀에서 모든 협의를 끝내고 CS팀으로 내용 공유가 온 것은 오픈 일주일 전이었다.

'○○님, 다음 주에 □□몰 신규 오픈 예정이니 고객센터에 전달해 주시고 상담사 업무 협조 부탁드립니다.'

사업을 진행할 것이라고 사전 협조공문이 온 것은 3개월 전이었지만 프로젝트의 진행상황을 알 수 없었던 상황에서 1주일 전에 갑자기 연락을 받으니 황당할 뿐이었다. 결국 팀장님의 강력한 항의로 오픈 일정은 연기되었고, 정책 협의부터 다시 논의가 시작되었다.

현장에서는 이처럼 마케팅과 영업팀, CS팀 등의 현업부서와 사전협의가 누락되는 경우가 비일비재하다. CS팀 입장에서는 주문 및 반품·교환 프로세스(프론트 및 백엔드), 선환불 및 기출하 등 예외처리에 대한 허용 여부, 고객이 앱에서 직접 모든 상품을 교환 및 반품 접수할 수 있도록 할 것인지 아니면 상품군별로 제한을 걸 것인지 등 쇼핑몰을 오픈

할 때 고려해야 할 정책적 요소들이 미리 논의되었어야 한다고 생각한다. 따라서 이런 정책이 사전에 논의되지 않았다면 정보구조도를 다시 그리고, UI/UX의 기획을 처음부터 다시 수정하거나 대폭 변경해야 할 수 있다. 이러한 사실을 깨닫고 난 이후에는 UX팀과 CS팀이 함께 '신규 몰 오픈'에 필요한 체크리스트와 정책요건서를 작성하고 영업과 재무, 물류 등 유관부서가 함께 모여 충돌이 발생할 수 있는 요소들을 미리 협의해 최대한 통일된 정책가이드가 작성될 수 있도록 체계를 마련했다.

## Lesson 9) 나에게 당연한 것이 상대에게도 당연할까?

입사 초기 사내 데이터 솔루션을 구축하던 때였다. 1년 동안 고생하며 개발을 마친 후, 전사에 공지를 올렸다. PM이 되어 처음 맡은 프로젝트라 스스로를 대견해하고 있을 때 다른 팀 담당자에게 연락이 왔다.

'○○님, 이거 특정 화면에서 화면 확대·축소 기능이 작동되지 않던데 확인 부탁드릴게요.'

웹페이지와 유사한 환경에서 구현되는 마이 플랫폼 기반의 솔루션이었기에 당연히 제공되는 기능이라 생각했고, 개발과정에서 빠진 것으로 생각해 곧바로 외주개발사에 문의를 남겼다. 그런데 개발사 PM의 답변은 꽤나 간단했다.

'죄송하지만 그건 요청사항에 없던 건데요.'

화면의 축소 기능을 알아서 개발해 줄 것이라 믿었던 내가 얼마나 사소한 것까지 검수하지 못했는지 아쉬울 뿐이었다.

## Lesson 10) 스타일이 다르다면 의도를 먼저 물어보자

　서비스를 만들어 가는데 기획자와 개발자의 궁합이 중요하지 않은 곳은 없겠지만, 와이어프레임의 '순서'에 대해서는 의견 차이가 종종 있다. 데이터, 정책, 유저 스토리 등을 차곡차곡 작성한 후에 와이어프레임을 그리는 것이 좋다고 하는 사람도 있고, 와이어프레임부터 먼저 달라고 하는 경우도 있다. 전자를 선호하는 기획자·개발자는 기능정의서를 먼저 작성해야 개발자들이 설계 및 기능 산출이 가능하다고 생각한다. 또한 앞단의 정책과 기능 정의를 상세하게 기술하지 않으면 예상치 못했던 이슈들이 발생할 수 있으므로 와이어프레임은 이러한 것들의 후속 결과물이라고 본다. 반면 와이어프레임을 먼저 선호하는 기획자·개발자는 구조화된 그림이 있어야 이후 작업을 진행하기 좋다고 말한다. 이해가 빠르고 도식화된 내용을 통해 앞단의 정책과 기능 정의를 오히려 쉽게 짤 수 있다고 말하는 것이다.

　다만 이때 중요한 것은 서로의 의견이 갈렸다면 왜 그것을 먼저 요청하는지 알아야 한다. 개발자가 와이어프레임을 먼저 요구하는 상황이라면 기능의 순서를 알기 위함인지, 아니면 개발공수를 먼저 검토하기 위해 개발요소를 알고자 함인지, 아니면 미리 작업할 수 있는 것들은 먼저 하기 위함인지를 묻고 순서를 정하는 것이 필요하다. 그리고 개발자와 이야기를 할 때는 와이어프레임이 바뀔 수 있다는 내용을 미리 고지해 두는 것이 좋다.

# PART
# 5

# 이직을
# 꿈꾸는
# 서비스
# 기획자들을
# 위한 조언

# 언제 이직을
# 계획해야 하나요?

# 이직을 꿈꾸는 사람들에게

짧은 연차와 어린 나이였지만 7번의 인턴활동, 2번의 신입 채용 합격, 3번의 경력직 합격(물론 이직하진 않았습니다)을 경험하면서 '이직'이란 단어는 나에게 그리 낯선 단어가 아니었다. 나에게 있어 '이직'이란 새로운 기업으로 입사해 나의 질적인 성장을 꿈꾼다는 기본 개념은 달라지지 않았기 때문이다. 그리고 이런 생각은 나만의 생각만은 아닌 것 같다.

대부분의 직장인들이 출근하자마자 퇴근하고 싶어 하는 마음은 비슷할 것이다. 그만큼 누구나 퇴직을 꿈꾸고 이직을 꿈꾼다. 한 조사에 따르면[32] 2021년 직장인의 신년 소망 1위(응답자의 35.9%)로 '더 나은 조건으로의 이직'을 꼽을 만큼 평생직장의 개념이 사라진 시대에서 저마다의 '나음'을 좇아 떠나는 사람들은 매년 증가하고 있다.

다만 여기서는 이직을 '성장'과 동의어로 삼는 사람들의 이야기를 해볼까 한다. 성장이라는 단어는 누군가에게는 연봉으로, 누군가에게는 직무 전문가(커리어)로, 혹은 미래에 살아남을 수 있는 직종으로 탈바꿈하는 것을 의미하기도 한다. 이처럼 주어진 환경과 여건에 따라 이직 사유는 워낙 다양하겠지만 크게 3가지로 좁혀보자. 주변에서 이직을 고민하는 사람들의 사례를 직접 공유받아 하나씩 답변해 보고자 한다.

## 직장인 새해 목표 1위, 이직!

| 순위 | 내용 | 비율 |
|------|------|------|
| 1위 더 나은 조건으로 업그레이드 – 이직 | | 35.9% |
| 2위 쥐꼬리는 가라 – 연봉 인상 | | 16% |
| 3위 머니머니해도 머니 – 재테크 성공 | | 11.2% |
| 4위 돈, 명예보다 우선 – 건강 | | 9.2% |
| 5위 이번 생에 가능할까? – 내집 마련 | | 6.3% |
| 6위 티끌 모아 태산 – 저축 | | 5.8% |
| 7위 이번엔 작심삼일 NO – 다이어트 | | 4.6% |
| 8위 업무역량 향상 | | 4.3% |

직장인 1,900명 설문조사 (자료 제공 : 사람인)

## 2

# 유형 1) 배움이 정체된 느낌이다. 다른 길로 떠나고 싶다

Q) 저는 대기업에서 서비스 기획 및 운영 업무를 맡고 있는 4년 차 기획자입니다. 4년 동안 사수 밑에서 업무도 많이 배우고 나름 성과도 인정받았지만 문득 제 배움이 정체되고 있다는 생각이 들더라고요. 이런 상황에서 저의 선택지는 3가지입니다. 첫째는 MBA에 진학하는 것입니다. UX나 HCI 관련 대학원에 진학하는 것이죠. 둘째는 피그마나 XD와 같은 새로운 툴을 배워보는 것입니다. 셋째는 SI(또는 에이전시)로 이직하는 것입니다. 현업자 분들의 고견을 듣고 싶습니다.

이 사례를 듣고 나자 '피카츄의 돌'이 생각났다. 애니메이션 〈포켓몬 스터〉에서는 진화의 돌을 써 진화한 라이츄와 진화는 하지 않았지만 모험과 대결을 많이 해 기초가 튼튼한 피카츄가 나오는 에피소드가 있다. 포켓몬이 진화하는 방법은 진화의 돌이라는 치트키로 한 번에 진화를 하거나 다양한 수련을 통해 자연스럽게 진화하는 방법이 있는데, 위 사례는 전자에 해당한다고 볼 수 있다. 연차는 찼지만, 대기업이라는 울타리 속에서 배움을 확장시키기 위한 노력을 하지 않아 발생한 문제로 보인다.

우선 첫 번째와 두 번째 선택지는 자신의 실력을 키우는데 큰 관련이 없음을 먼저 이야기하고 싶다. 지극히 개인적인 의견이지만, 학교나 학위는 기획자로 일하는데 큰 의미가 없어 보인다. 물론 본인이 UX 분야로 커리어 전환을 하기 위해 대학원 진학을 선택할 수 있겠지만 진학이 넥스트 커리어를 보장하지는 않는다. 만약 대학원을 통해 성장 또는 커리어 전환에 성공한 사람이 있다면 대학원이란 도구를 발판 삼아 그분이 성장을 위해 피나는 노력을 한 것이다. 그러니 배울 기회가 멈췄다고 생각하기 전에 '내가 회사에서 더 배울 수 있는 부분은 없는가?'를 먼저 고민하는 것이 우선시되어야 한다. 자신이 만드는 서비스의 가장 이상적인 모습을 그려보았는지, 개발자와 디자이너를 포함한 PM에게 이를 제대로 설명할 수 있는 능력을 보유하고 있는지를 자문하는 것이다. 기획자는 성과의 공보다 책임의 무게가 더 큰 자리이다. 서비스의 실패는 기획자의 책임이지만, 성공의 이유는 개발자와 디자이너의 공으로 돌아가는 경우가 많기 때문이다.

그리고 세 번째 선택지인 SI(또는 에이전시) 이직은 여러 가지 변수를 고려해 봐야 한다. 먼저 SI 등 에이전시의 장점은 여러 개의 프로젝트를 단기간에 경험할 수 있어 연차가 쌓였을 때 이직의 폭이 넓다는 장점이 있다. 또한 정해진 기간 동안 프로젝트를 완수해야 하므로 짧은 기간 몰입의 정도가 크고 담당하는 고객사가 계속 바뀌는 만큼 해당 산업의 영역에 대한 학습속도를 같은 연차 대비 빠르게 올릴 수 있다. 이밖에 일정관리, 화면설계, 산출물관리 및 IT 특유의 업무 흐름을 배울 수 있다는 장점도 있다. 다만 운영을 비롯한 기획 경험이 부족할 수밖에 없다. 서비스를 론칭하고 난 후 고객 데이터를 기반으로 서비스의 고도화에 참여할 수 없으며, 어떤 내부 데이터가 발생하는지도 추적하기 어렵다.

이러한 점 때문에 일각에서는 스타트업을 포함한 인하우스 기업을 추천하기도 한다.

인하우스 기업은 기획부터 구축, 운영을 경험할 수 있어 한 서비스에 대한 이해도를 높일 수 있다. 또 내부 데이터를 확인할 수 있으므로 서비스를 단계적으로 고도화해 가면서 하나씩 바꿔나가다 보면 어떤 영향이 있는지 긴 호흡으로 살펴볼 수 있다. 다만 자사 서비스를 보유한 인하우스 기업에 가야 제대로 성장할 수 있다. 모두가 네카라쿠배당토(네이버, 카카오, 라인플러스, 쿠팡, 배달의 민족, 당근마켓, 토스)와 같은 IT 대기업에 가면 좋겠지만 그럴 수 없다면 자사 서비스가 있는 스타트업에서 하나부터 열까지 직접 찾아서 배워가는 과정이 훨씬 더 성장에 도움이 된다고 입을 모아 말한다.

# 3

# 유형 2) 환상의 섬 스타트업, 거기 가면 뭔가 다르겠지?

Q) 스타트업에서 2년째 팀장을 맡고 있는 현업 서비스 기획자입니다. 첫 커리어를 대기업에서 시작하며 운 좋게 성과를 인정받을 수 있었습니다. 하지만 오직 능력으로 평가받을 수 있는 조직을 경험하고 싶다는 생각에 5년 차에 스타트업으로 이직했습니다. 그런데 제가 생각했던 스타트업과 현실 속 스타트업이 너무 다릅니다. 주말 구분 없는 업무량과 열악한 근무환경, 팀원들의 업무 스킬이 부족해 혼자서 프로젝트를 세세하게 관리하는 경우가 비일비재합니다. 현재 다른 스타트업에서 오퍼를 받은 상태인데, 좀 더 나은 스타트업으로 이직하는 게 좋을까요?

스타트업이 대중화되면서 이상적인 직장으로 보는 사람들도 많지만, 스타트업은 이상이 아니라 현실이다. 아니 현실을 넘어 하루의 생존을 다투는 곳임을 직시해야 취업 또는 이직 시 괴리감이 발생하지 않는다. 이상향이 될만한 스타트업이란 특정 단계 이상의 투자를 받은 곳이자 수평적인 의사결정구조와 A급 인재가 있는 곳을 의미한다. 하지만 이런 곳은 극히 드물다. 괜히 유니콘 스타트업이라고 부르는 게 아니다. 그래서 자신이 생각한 눈높이에 맞는 회사를 찾기보다는 눈높이에 맞는 회사를 만들어 가는 것에 즐거움을 느끼는 사람들에게 맞는 곳이 바로 스타트업이라고 본다. 만약 본인이 성취욕이나 적극성이 높지 않다면 아주 작은 회사보다는 규모가 있는 곳(최소 100인 이상)으로 입사나 이직을 추천한다. 필자가 생각하는 스타트업 인재상은 다음과 같다.

- 지독한 자기객관화 결과 최소 3년 이상 큰 보상이 없어도 성장할 수 있다는 사실 그 자체만으로 이미 보상을 받은 것처럼 살 수 있는 사람
- 스타트업의 대표 또는 그 기업의 비전에 공감하지만 특정 기술과 산업이 주목받는 것을 회사의 성장으로 동일시하지 않는 사람
- (신입 또는 3년 차 미만 주니어의 경우) 사내에 주니어 성장 프로세스가 없더라도 능동적으로 관련 책도 보고, 블로그도 보고, 강의도 들으며 직접 교육체계를 갖출 수 있는 사람

# 유형 3) 뒤늦게 발견한 기획자로의 꿈, 징검다리식 이동부터

Q) 제조업에서 3년 동안 영업 업무를 하다 최근 마케팅팀으로 전환배치된 직장인입니다. 하지만 저는 젊고 혁신적인 분위기 속에서 일할 수 있는 IT 기업 가운데 유저가 원하는 제품을 만드는데 기여할 수 있는 '서비스 기획' 직군에 눈길이 갑니다. 늦었지만 저 같은 사람도 이직이 가능할까요?

업계 지인들과 이야기하다 보면 가장 많이 언급되는 주제 중 하나가 '이종 산업에서의 이직'이다. 하지만 이직 사례가 많지도 않거니와 연관도 없는 직무를 연결하기가 쉽지 않은 것도 현실이다.

그럴 때 지인들이 항상 하는 이야기가 있다. 바로 '정글짐'식 이동이다. 메타(前 페이스북)의 최고운영책임자인 셰릴 샌드버그가 이야기했던 '커리어 정글짐'에서 차용한 단어로, 기획자가 되려면 기획 업무에 가까워질 수 있는 부서로 전환배치를 한 뒤, 운영과 기획, 그리고 개발에 대한 이해를 쌓아가는 것이 필요하다는 것이다. 사업개발 직무에서 PM 직무로 커리어 전환에 성공한 지인의 이야기를 들어보자.

사업개발 직무는 경영진의 의중을 파악해 전략 로드맵을 검증하는 위치인 만큼 사업과 서비스의 전략 방향을 먼저 고민하게 됩니다. 특히 경쟁사와의 차별화 전략 도출을 위해 타사 서비스를 다방면으로 분석해 보았고, 우리 서비스에 이것을 어떻게 발전시켜 적용할 수 있을지 디자이너, PM과 논의했던 경험이 커리어 전환에 큰 도움이 되었습니다. 이후 주어지는 권한이 많았던 중소기업으로 이직해 서비스 기획자로 일을 시작했고, 여기서의 성과와 포트폴리오를 잘 기록해 원하던 기업의 PM으로 이직할 수 있었습니다.

물론 지인처럼 플랫폼 기업의 유관업무가 아닌 전혀 성격이 다른 산업에서의 이직은 난이도가 좀 더 있는 편이다. 하지만 고객 접점에서 발생되는 업무(CS, 영업기획, 마케팅(CRM), 영업 등)는 보통 '문제 발견 - 가설 검증 - 결과 회고'의 동일한 프로세스로 업무를 진행하기 때문에 자신의 현재 직무가 아닌 자신이 참여했던 프로젝트로 어필하는 것도 좋은 방법이 될 수 있다.

# 그래서 언제 이직하면 가장 좋다는 거예요?

앞선 3개의 사례를 통해 확인할 수 있는 공통 키워드는 '현 직장에서의 노력'이다.

이직은 '개인의 성장'이란 단어와 마주할 때 가장 불꽃이 튄다는 것은 누구나 동의할 것이다. 다만 성공적인 이직을 위해서는 이직 이전에 현 직장에서 할 수 있는 최선의 노력을 다하고 있는지 자문하는 작업이 먼저 필요하다. 현재 하고 있는 업무를 다시 정의하고 내 나름대로 직무를 재정의해 업무영역을 조정하거나 서비스의 밸류체인을 살펴봄으로써 스스로 학습하는 체계를 갖추는 것이 선행되어야 한다는 것이다.

회사의 규모와 형태에 상관없이 정도의 차이는 있겠지만 기획자의 성장은 일정 부분 인내와 성숙이 필요하다. 아무리 좋은 교육프로그램과 사수가 있더라도 기획자는 필연적으로 직접 공부하고, 없던 능동성을 만들어서라도 서비스를 뜯어보고 데이터를 분석하는 습관을 지녀야 한다. 이러한 일련의 과정들이 체화되어 인고 끝에 비로소 제대로 된 기획자의 모습이 갖춰지는 것이다.

이직하기 좋은 시기를 많이 고민하지만, 적정한 시기라는 것은 사실 존재하지 않는다. 물론 서비스 기획 직무의 경우 별도의 훈련이 필요한 신입보다 경력직을 선호하는 편이다. 업계 지인들의 이야기 또한 '내가 만약 함께 일할 동료를 뽑는다면 최소 3년 차 정도는 되었으면 좋겠다. 다만 경력직 채용공고에 기재된 최소 업무 연차에 주눅 들 필요는 없다'는 의견이 지배적이었다.

연차가 얼마 되지 않은 주니어 기획자의 경우 '최소경력' 조건 때문에 지원서조차 낼지 말지를 고민하는 경우가 많은데, 이건 어디까지나 최소요건으로 표기된 것일 뿐이다. 사실 업무 연차는 그저 숫자에 불과하다. 이커머스 기획자였던 한 지인은 어드민 기획자로서 모듈(업무)에 관한 이해, 주문, 클레임, 배송, 주문 메트릭스 등 각 모듈에 대한 기획요소는 물론 스토리보드와 정보구조도를 직접 작성하고, 초기 아이데이션 구축과 일정 협의 등을 모두 혼자 학습하며 3년이 안 되던 시점에 이직한 사례도 있다. 전체 사이클을 경험했던 것을 치열하게 자기화시켰던 것이 낮은 연차임에도 빠르게 이직할 수 있었던 비결이었다.

결국 이직은 가능성을 상상하고 도전하는 것이 가장 효과적이며, 스스로에게 부끄럼 없는 노력을 해온 결실과 그 과정에 대한 기록물이 있다면 언제든 도전해도 좋다.

## 이직하지는 않지만 이직 면접을 준비하는 사람들

저는 이직을 꼭 회사를 이동해야만 할 수 있는 것이라고 생각하지 않아요. 연차에 상관없이 일을 하다 보면 어느 순간 매너리즘에 빠질 때가 있습니다. 업무를 하다 다음 액션플랜이 생각나지 않아 정체된 것 같은 느낌이 들거나, 일을 곧잘 하고 있는데 문득 내가 정체되는 것은 아닌가 하는 생각이 들곤 해요. 그때마다 저는 이직 준비를 합니다. 짧은 기간에 도메인을 공부하고, 우리 기업이 아닌 이종 산업의 서비스를 공부하면서 제가 일하는 부분에서의 아이디어를 얻기도 합니다.

– 아웃도어 퀸(교육 서비스 기획자)

이직하는 회사에 죄송한 말이지만 저도 면접만 보고 가지 않은 회사가 몇 곳 있습니다. 제가 성장이 멈췄다는 생각이 들 때면 바쁜 와중이라도 이직을 준비하는 그 짜릿함과 희열이 아슬아슬하지만 제가 살아 있음을 느끼게 하거든요. 특히 저는 연차 구분 없이 지원했던 것 같아요. 가끔 친구들이 이렇게 물어보곤 합니다.

"○○에서 오퍼가 들어왔는데 지금 시기에 이직해도 될까? 걸리는 조건들이 많아서…."라고 말이죠. 그럼 전 이렇게 대답해요.

"합격하는 건 중요하지 않아. 일단 이직 프로세스를 경험하는 것 자체가 엄청 큰 공부가 되거든. 지금은 시도해 본 적이 없어서 막연하고, 모르니까 두렵고, 안해 봤으니 귀찮은 건데… 한 번 해보면? 아무것도 아니야. 오히려 면접까지 보고 나면 더 많이 성장해 있을 거야."

– 귀여운 프로젝터(SI 기획자)

# 이력을 빛나게 하는
# 경험 정리법

# STEP 1) 나 자신에 대한 사전 이해

이직은 자신을 객관화하고 현 상태를 점검하기 위한 기회다. 이때 자기 자신에 대한 이해가 덜 되어 있는 상태라면 막상 이직을 하고 나서도 업무환경, 직장 내 상사, 생각했던 것과 다른 업무영역 등으로 인해 제대로 정착하지 못할 가능성이 높다. 따라서 이직 전 본인에게 다양한 질문을 던져보고 답을 하는 과정이 선행되어야 한다.

## 이직 전 자기 자신과의 1문 1답

**"나는 왜 회사를 옮기려는 걸까? 또는 여전히 다니려고 하는 걸까?"**

- 소자본 창업도 늘고 1인 프리랜서도 늘어난 시대에 여전히 회사를 다니는 이유에 대해 생각해 본다.
- 모두들 능동성과 주체성을 부르짖지만 회사에 엮여 있는 그런 나를 존중하는 이유에 대해 생각해 본다.
- 회사라는 곳을 공간으로 해석할지, 아니면 가설과 검증의 끊임없는 연속된 실험터로 볼지 생각해 본다.

**"내가 좋아하는 회사의 형태는 어떤 것이 있을까?"**(우선순위 3가지)

• 높은 연봉, 깨지지 않는 워라밸, 합리적인 의사결정구조, 배움에 대한 열망이 있
  는 동료 등 모두 다 좋지만 내가 놓칠 수 없는 조건에 대해 생각해 본다(예를 들
  어 나는 워라밸보다 서비스 기획자로서의 전권을 인정해 주고, 내가 직접 실험해
  볼 수 있는 것들이 많은 곳, 성장할 수 있는 곳에 가고 싶다 등).

**"내가 좋아하는 사람과 싫어하는 사람의 유형은?"**

• 면접의 단골 질문이기도 한 이 질문은 입사 후 특정 성향의 사람과 지나치게 맞
  지 않을 경우, 내가 어떻게 대처해야 할지 방어전략을 세울 수 있다.

**"내가 하는 일의 정의를 내려본다면 어떻게 내릴 수 있을까?"**

• 나의 성장과 미래를 담보할 수 있을 만큼 일에 대한 확신을 표현하는 데에는 '업의 재
  정의'만한 것이 없다.

원론적이고 인문학적으로 보이는 질문이지만 짧게라도 나만의 기준
을 정리해 보는 것이 중요하다. 이를 통해 이직을 결심하거나 오퍼를 받
았을 때 자신의 기준에 맞는 회사와 직무, 지향하는 가치와 일치하는 곳
이 등장했을 때 빠르게 선택과 집중을 할 수 있다.

# STEP 2) 어떤 성향의 기획자인지 분석하기

자신에 대한 이해가 선행되었다면 이후 본인 스스로 어떤 성향의 기획자인지 파악해 어떤 방향으로 장점을 어필할 수 있을지 고민해 봐야 한다. 기획자의 유형은 크게 4가지로 구분해 볼 수 있다.[33]

기획자의 유형

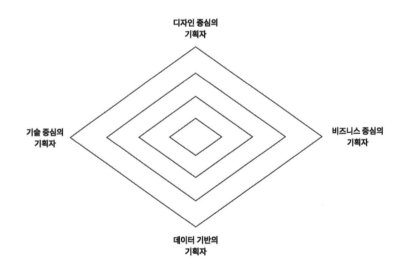

1  기술 중심의 기획자 : 문제해결의 중심에는 '기술'이 있다고 생각

- 백엔드 또는 B2B 플랫폼을 기획하는데 흥미를 느낌

- 제품 인프라 및 확장성에 관심을 가짐

- 문제해결을 위해 디자이너, 데이터 사이언티스트보다는 개발자(엔지니어)와

  먼저 소통하며 구현가능한 기술인지부터 먼저 확인함

- 시스템 구조에 더 관심이 많고, 개발자와 함께 이 구조에 대해 논의하는 것을

  즐김

- UI보다는 어드민 설계, 프론트 기획보다는 DB 구조 파악에 더 관심을 가짐


2  데이터 기반의 기획자 : 데이터가 없으면 논리적인 설명이 불가능하다고 느낌

- 자사 서비스 내 사용자 데이터(정성·정량 사용자조사 데이터, 로그 데이터

  등)를 보고 신규 기능 기획 또는 기존 기능을 개선하는 업무에 익숙함

- 자사 서비스의 퍼널(방문-관심-전환-재방문 등) 단계를 보며 서비스를 개

  선하기 위한 지표를 분류할 줄 아는 사람

- 핵심지표와 투입지표의 관계를 설정하고 지표의 계층구조를 그리는데 익숙한

  사람

- 가설 설정 후 검증을 위해 신속한 실험을 할 수 있음


3  비즈니스 중심의 기획자

- 서비스를 만들고 운영하는 과정에서 소요될 자본의 필요량을 우선적으로 산

  출하는 것이 좋음

- 서비스가 시장에서 성공하기 위해 외부 파트너와의 협력 추진, 전략기획 분석

  툴에 따른 영업과 마케팅팀과의 협업이 더 중요하다고 생각함

- 서비스의 성공은 외부 시장에 대한 규제정책과 현 경쟁상황을 분석하는 것에 달려있다고 생각함. 따라서 기획자는 시장분석을 토대로 아이데이션과 개발 우선순위를 정하는데 집중하고, 개발자와 디자이너는 철저히 서비스 개발에만 집중한다고 봄
- 고객경험지표보다 중요한 것은 운영지표(매출, 시장점유율, 평균 거래규모, 고객이탈률 등)라고 생각함

### 4  디자인 중심의 기획자

- 시장에서 조사되는 데이터보다는 사용자가 가진 근본적인 문제를 이해하는 데 초점을 맞춤
- 사용자조사, 사용성 테스트 및 고객 인터뷰를 통해 드러나지 않은 고객의 니즈를 분석하는 것을 즐김
- UX 디자인을 중심으로 서비스를 설계하는데 익숙함(서비스 기획시 사용자의 여정지도(customer journey)부터 생각)
- 기존에 없던 서비스를 기획할 때 신규 시장의 페르소나를 설정하고 시장적합성을 판단하기 위해 고객을 만나는 것에 거리낌이 없음

물론 기획자의 유형을 이와 같은 4가지 성향으로 완전히 구분 짓기는 어렵다. 따라서 자신의 강점, 자신의 주된 경험, 앞으로 잘해 낼 수 있는 경험들과 매칭시켜 보면서 기획자로서의 나의 모습은 어떨지 객관화하는 과정을 거쳐야 한다. 이를 통해 어떤 기획자로 포지셔닝할 수 있을지 결정할 수 있다. 예를 들면 다음과 같은 방법이다.

## 1  이커머스 구축에 특화된 기술 중심의 기획자 A

프론트부터 백엔드까지 이커머스만 8년 넘게 기획해 온 기획자입니다. 사용성 개선을 위해 UI/UX도 중요하지만 운영이 잘되는 쇼핑몰의 비결은 체계적인 DB 구조 설계에 있다는 것을 알기에 프로젝트 전 개발자와 함께 구현가능 여부부터 논의하고 기획을 시작하는 편입니다.

## 2  디자인 중심에서 사고하고 운영까지 할 줄 아는 기획자 B

CX 업무를 담당하며 커머스 운영을 5년 가까이 해왔던 저는 누구보다 사용자의 의견을 수집하고 이를 현업의 비즈니스 과제로 도출하는데 익숙합니다. 다양한 서비스 고도화 프로젝트에 참여하며 사용자 경험 여정에서 발생될 수 있는 이슈를 미리 파악하는데 강점을 가지고 있습니다.

# STEP 3) 경험 정리하기

이력서 작성 전, 자신의 경험을 8가지 항목에 맞게 복기하는 과정이 필요하다. STEP 1과 STEP 2에서 기획자로서의 나를 충분히 이해했다면 이를 뒷받침해 줄 수 있는 경력이 어떤 것이 있는지 조율해 기획자로서의 스토리텔링 구조를 갖춰야 한다.

1) 날짜

2) 업무 명(프로젝트 명)

3) 구분(단순개선, 화면기획, 신규 솔루션 개발, 고도화 등)

4) 모듈(결제, 마이페이지, 광고, 검색, 어드민 등)

5) 참여인력

6) 내용(개선배경, 핵심문제 및 원인)

7) 성과

8) 러닝 포인트

기호 차이는 있겠지만 기여도를 기재하는 것을 나는 선호하지 않는 편이다. 기획자의 업무는 대부분 협업으로 이루어져 있고, 참여인력만 기재해도 프로젝트의 규모가 충분히 가늠되기 때문이다.

　업무내용을 정리할 때에는 프로젝트 중간 또는 프로젝트가 끝나자마자 기록해 두는 것이 좋다. 업무 중 느꼈던 점, 부족하다고 생각했던 점, 잘했다고 생각했던 점을 '러닝 포인트' 란에 기술하기 위해서는 생생했던 기억들이 사라지기 전에 정리를 해두는 것이 좋다.

| 업무(프로젝트)명 | 모바일 라이브 커머스 상담 어드민 신설 |
|---|---|
| 프로젝트 기간 | 3개월 |
| 참여 인력 | 3명 |
| 내용 | · 라이브 커머스 성장에 따른 고객 문의 증가 대비 상담 어드민 화면 중 관련 화면이 없음(프론트 서비스 오픈은 4년째이나 CS 처리 목적의 어드민 無)<br>· 고객센터 상담 역량 강화를 위해 라이브 커머스 주문 이력, 편성 조회, 실시간 채팅 이력 조회, 프로모션 상세 정보, 당첨자 즉시 조회 등의 데이터를 조회할 수 있는 화면 기획 |
| 성과 | · 기존 업무 처리 단계 축소 (유관부서 담당자 확인 시 3단계 → 즉시 확인)<br>· VoC 접수 없이 즉시 안내 가능 → 관련 문의 상담사 만족도 n점 증가<br>· 관련 문의 재문의 비율 감소 |
| 러닝 포인트 | · 프론트 초기부터 백오피스 기획을 함께 고려해야 함<br>· 정보구조도 설계 후 기획 일정 설계 시, 백오피스 스토리보드부터 먼저 진행 → 운영을 뒷받침할 수 있는 내부 인프라 구축에 힘쓰는 것이 고객 만족도에도 기여함 |

최대한 자세하게 기술한 러닝 포인트는 추후 면접에서 큰 힘을 발휘한다.

# 이직을 위한 문서 작성하기

# STEP 4) 이력서 및 자기소개서 작성하기

이력서는 먼저 간략한 본인의 정보(연락처, 주소, 경력년수)와 학력사항 (석사 이상이라면 논문 제목과 지도교수까지 함께 기재), 경력 개요를 작성하는 것이 좋다. 경력 개요의 경우 자신이 해왔던 업무를 3가지 카테고리로 묶어 어떤 업무들을 수행할 수 있는지 한눈에 파악할 수 있도록 연차와 함께 기술하면 된다. 이후 다음의 표와 같이 진행해 왔던 업무내용을 정리해 보자.

이력서 작성방법

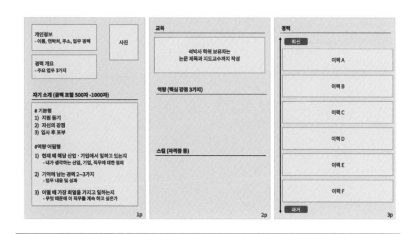

먼저 경력기술서 한 장만 제출해야 하는 곳의 경우, 간략한 자기소개를 포함해 인사담당자가 어떤 지원자인지 파악할 수 있도록 한다. 분량은 약 500~1,000자를 기준으로 기본형과 역량 어필형 중 본인을 소개하는데 편한 구조를 선택하면 된다.

교육 란은 석사와 박사 학위를 가지고 있다면 논문 제목과 지도교수까지 함께 기재하는 것이 전공 전문성을 드러내기에 좋다.

역량 란에는 STEP 2에서 분석한 기획자의 성향을 바탕으로 자신이 갖추고 있는 강점들을 기술한다. 이슈 매니지먼트와 디자인 역량, UI 툴을 이용한 UI 설계, 데이터분석(SQL, GA 등), 정책 수립 등 자신의 업무 중 상위 개념어를 활용해 3가지 정도로 작성하면 된다.

다음으로 상세 경력은 최신 경력을 기준으로 STEP 3에서 작성한 경험 정리 내용을 바탕으로 기술하면 된다. 이때 주의해야 할 점은 모든 업무를 기술할 수 없으므로 경력의 강약을 조절해야 한다는 것이다. 양적으로 풍부하게 작성하거나 가장 자신 있게 진행했던 업무들을 선택해 축약해서 기술한다. 또한 성과와 정량적 수치도 함께 적으면 좋다. 추상적인 업무내용에 구체성을 높여 훨씬 더 신뢰성을 줄 수 있기 때문이다.

번외로 현재 마무리되지 않았거나 중간에 중단된 업무임에도 경력기술서에 기술하고 싶다면 추가하는 것이 좋다.

# STEP 5) 포트폴리오 작성하기

기획자의 포트폴리오는 '사고 과정의 기록물'과 같다. 포트폴리오는 어떤 문제를 어떻게 정의하고 접근했는지, 기획자의 감이 아닌 데이터라는 정량적 수치에 근거해 프로젝트를 시작하고, 이에 따른 UX나 매출의 성과를 확인할 수 있는 유일한 기록물이다. 이 때문에 포트폴리오를 잘 만드는 방법은 '문제해결 과정'이 얼마나 치밀하게 드러날 수 있느냐에 성패가 달려있다.

포트폴리오와 관련된 질문 중 취준생과 주니어 기획자들에게 가장 많이 받는 질문은 '노션과 PPT 중 기업에서 어떤 것을 더 선호하냐'라는 것이다. 정답이 없는 질문이라는 것을 알지만, 동료 기획자들과 의견을 나눠보면 'PPT'로 통일된다. 노션은 자신의 퍼스널 아이덴티티를 드러내는 동시에 사용자의 의도에 따라 템플릿을 자유자재로 구성할 수 있어 UX 감각을 드러내기에 알맞은 채널임은 분명하다. 하지만 인쇄 시 글 간격, 이미지, 표 등이 깨질 수 있고 내용의 구분이 쉽지 않다는 점에서 채용 담당자에게는 '보기 좋은 떡'으로 비춰질 수 있다. 또한 노션은 특정 기업 지원 시에만 활용되는 것이 아니라 평소 본인의 브랜딩을 위해 관리되는 채널이기에, 특정 기업에 지원하는 나의 노력을 어필하는 데에는 부족함이 있다. 때문에 디자인 구성부터 슬라이드별 거버닝 메시지(슬라이드별 대표 메시지, 슬라이드에 기재된 모든 거버닝 메시지만 읽어도 포트폴리오의 전체 흐름이 이해되도록 해야 함) 등을 고려하게 되는 PPT 양식이 지원자의 진성성을 드러내는데 더 적합할 수 있다. 그래서 결론은 평소에는 노션으로 정리해 두고, 지원 시에는 PPT를 별도로 만들어 제출하는 것이 가장 이상적이다. 여기에서는 PPT를 활용한 포트폴리오 작성법에 대해 소개해 보고자 한다.

포트폴리오의 첫 시작은 자신이 경험한 프로젝트 가운데 어떤 것을 포트폴리오에 담을지 선별하는 것이다. 최대 3~4개의 프로젝트를 선정한다는 목표 아래 '가장 최신' '가장 성과가 좋은' '가장 기여도가 높은' 프로젝트를 선정하면 된다. 만약 관련 경험이 없는 경우라면 기존 서비스의 개선안을 작성하는 것도 좋다. 기존 서비스의 핵심기능(kye feature)은 무엇인지, 현재 생각할 수 있는 핵심문제는 무엇이고 어떤 부분이 아쉬웠는지, 핵심 KPI는 무엇으로 추정되는데 지원자인 나라면 어떻게 개선할 수 있는지, 지인과의 인터뷰나 설문조사를 통해 사용자 데이터를 모아 본인의 기획안에 신뢰도를 높이는 방향으로 내용을 구성할 수 있다. 또는 신규 서비스를 제안하는 것도 좋은 포트폴리오가 될 수 있다. 실제 출시까지는 하지 않았더라도 서비스의 프로토타이핑이나 GUI 디자인 단계 또는 와이어프레임까지 작성하고 서비스의 배경을 뚜렷하게 설명하면 된다.

프로젝트를 선별했다면 프로젝트별로 문제해결 과정이 잘 나타나도록 STEP 3에서 했던 '경험 정리'를 SBI 구조에 맞춰 프로젝트의 과정을 한 번 더 정리한다.

| S(Situation) | 문제 정의(프로젝트에서 마주했던 Pain point)<br>– 정량적·정성적 리서치를 통해 발견한 문제 |
|---|---|
| B(Behavioral) | 가설 설정 및 검증<br>– 문제해결을 위해 제안했던 대안 및 결과물 |
| I(Impact) | 성과 및 피드백(러닝 포인트) |

SBI 구조에 맞춰 작성해 본 포트폴리오의 예시는 다음과 같다.

## 표지

먼저 PPT의 표지는 기업에서 사용하고 있는 브랜드 로고, 컬러, 폰트 등을 활용해 최대한 기업의 브랜딩과 비슷한 느낌으로 표현하여 성의를 보여주는 것이 좋다(①). 또 자신의 경험을 아우를 수 있는 단어 또는 문구 하나를 기재한다(②). 수많은 지원자들의 포트폴리오를 보는 채용 담당자들에게 '○○○ 그 지원자?'라는 인식을 심어주기 위함이다. 다음으로 차례 페이지 대신 네비게이션 바로 표기하는 것도 좋은 방법이

다(③). 종이를 넘기는 행위를 줄이고 표지 하나만으로 지원자의 이력을 파악할 수 있도록 하는 것은 읽는 이를 위한 배려이자 포트폴리오 읽기의 불편을 줄이는 UX이다. 특히 프로젝트의 유형을 정리해 어떤 유형의 활동인지 키워드를 달아둔다면 빠르게 지원자의 활동 내용을 이해할 수 있을 것이다(④).

### Situation

프로젝트의 진행배경 및 문제의식, 그리고 왜 이 문제를 우선 해결할 수밖에 없었는지에 대한 내용을 담는다. 상단에는 문제의 배경을 이해할 수 있는 질문을 기입해 읽는 사람의 몰입도를 높이고자 했다(⑤). 다음으로 수치를 기입해 문제의 심각성을 표기했고, 문제점 파악을 위해 데이터를 활용했다는 것을 어필했다(⑥). 우측 하단에는 해당 슬라이드의 핵심 내용을 한 문장으로 요약해 거버닝 메시지를 구성했다(⑦).

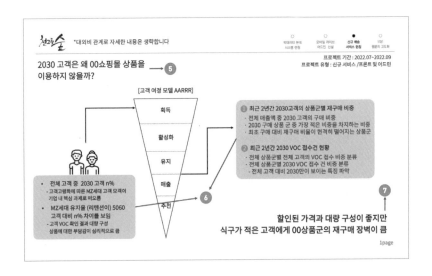

## Behavior

다음으로 사용자 조사, 정량적 조사, 벤치마킹 등 문제해결을 위해 시도한 과정을 기술한다. 기획 문서를 작성했다면 공개 가능한 범위 내에서 스토리보드 일부를 함께 작성한다. 이때 주의할 점은 결과물을 나열만 하지 말고, 디테일한 액션플랜의 과정을 함께 담아내는 것이 필요하다. 먼저 슬라이드 왼쪽 상단에는 문제를 해결하기 위한 본인의 가설을 기재하거나 해결책을 제안하게 된 인사이트를 기재한다(⑧). 그리고 본문 중간에는 문제해결을 위한 액션플랜의 과정을 넣는다. 대외비 이슈로 이미지 캡처나 내용을 그대로 담기 어렵다면 구조화된 이미지로 바꿔 기록해도 된다. 우측 하단에는 마찬가지로 거버닝 메시지를 기재한다(⑨).

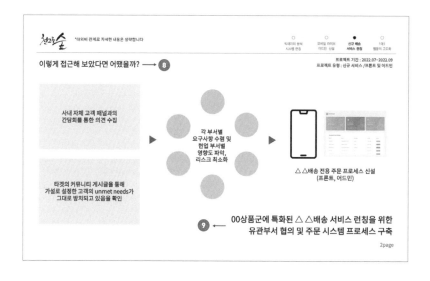

## Impact

마지막으로 문제해결을 위한 활동들을 통해 어떤 결과를 얻었는지 정성적·정량적인 결과를 반드시 기재하도록 한다. 대외비 문제로 결과물 공개가 어렵다면 시각화해서 AS-IS와 TO BE의 Before & After가 한눈에 이해하기 쉽도록 그리면 된다. 왼쪽 상단에는 가설 검증 결과 또는 해결책을 통해 얻게 된 결과·수치를 기재하고(⑩), 하단에는 구체적인 수치를 포함한 최종 결론을 기재하도록 한다(⑪). 만약 별다른 성과가 없는 프로젝트라면 (특히 취준생의 프로젝트) 자신이 이번 프로젝트를 통해 무엇을 배웠는지 회고하는 방식으로 장표를 채우면 된다.

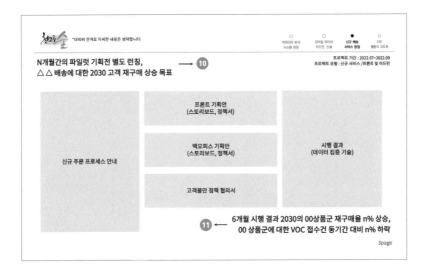

포트폴리오를 작성할 때 주의해야 할 점은 단순 지표, 성과 등을 나열하는 것과 이어붙이기식 작성이다. 단순나열의 경우 기획자가 어떤 분석 포인트에 따라 성과를 이룬 것인지 확인하기 어렵고, 결과물만 이어붙인 포트폴리오는 단순 앨범 소개에 지나지 않는다.

또 하나 주의할 점은 기획자의 포트폴리오는 절대 디자인에만 치중하지 않아야 한다. 기획자의 포트폴리오는 예쁜 디자인이 아닌 '이해하기 쉬운 디자인'이 적용되어야 한다. 나에게 맞는 프로젝트의 내용을 가장 효율적으로 전달할 수 있는 템플릿이 무엇일지 점검하는 시간이 필요한데, 이때 필요한 체크리스트는 다음과 같다.

| 체크리스트 | 비고 |
| --- | --- |
| ☐ 1슬라이드 1메시지를 지키고 있는가? | PPT 기준 1장의 슬라이드에는 1개의 메시지만 담겨야 한다. 지나치게 많은 내용을 한 장에 전달하려면 핵심 메시지가 희석될 수 있다. |
| ☐ 3가지 이하의 폰트와 색상을 사용하고 있는가? | 가독성이 뛰어난 폰트는 고딕 계열과 명조 계열 폰트, KoPub이다. 포트폴리오는 사고 과정의 흐름을 통해 개성을 어필하는 곳이지, 시각적인 현란함으로 개성을 어필하는 곳이 아니다. 색상 또한 기업의 로고나 서비스의 UI를 모티브로 최대한 절제해서 사용해야 내용에만 집중할 수 있는 디자인을 연출할 수 있다. |
| ☐ 출처 표기, 높은 해상도의 이미지를 사용하고 있는가? | 생각보다 많은 사람이 출처를 빼먹거나 해상도가 낮은 이미지를 사용한다. 별 것 아닌 것처럼 보이지만 사소한 디테일을 챙기는 것이 기획자의 기본 덕목이기에 포트폴리오를 작성하고 난 뒤 반드시 점검해야 한다. |
| ☐ 줄 간격 설정을 1.2~1.3배수로 하였는가? | 줄 간격을 1.2배 또는 1.3배로 조정해 글의 가독성을 높이는 것이 읽는 이를 배려한 기획서이다. |

참고로 포트폴리오의 분량은 SBI 구조를 핵심적으로 담을 수 있도록 프로젝트 1개당 3~4장이 적절하다. 그럼 전체 포트폴리오의 분량은 PPT 기준 총 9~16장 정도가 된다.

# 기업 탐색과 면접

# 1

# STEP 6) 뉴스와 전자공시를
# 벗어난 찐 기업분석 방법

 나에 대한 이해와 직무 전문가로서의 매력 포인트를 문서에 담았다면 본격적인 기업 탐색에 돌입해 보자.

 대개 지원하는 기업을 탐색하는 방법은 최근 뉴스를 확인하거나 전자공시시스템에 업로드된 연간 사업계획서를 살펴보는 것이다. 그리고 해당 기업이 제공하는 서비스를 분석해 보고, 동종업계의 서비스를 사용해 보며 제안 포인트를 작성하는 것도 좋은 방법이다. 여기에 기업분석의 밀도를 좀 더 높이기 위한 6가지 방법을 알아보자.

## 잡플래닛 평점과 후기로 기업문화 짐작하기

 우리나라의 대표적인 기업정보 공유플랫폼으로는 크레딧잡, 블라인드, 잡플래닛 등이 있다. 이 중 잡플래닛은 멤버십 결제만 하면 해당 기업 출신 직장인들의 기업 후기를 누구나 조회할 수 있다(제휴 대학생은 무료, 기업 리뷰 조회 시 리뷰 1개는 필수로 등록해야 한다). 플랫폼마다 공인된 의견과 평점을 전적으로 신뢰하기는 어렵지만 잡플래닛의 경우 기업 평점의 마지노선을 3.0점으로 설정할 수 있다.

3.0점이라는 수치는 '내가 마음 편히 다닐 수 있는 회사' '특정 영역의 밸런스가 깨져서 중간에 퇴사해야 하는 경우가 아닌 회사'라는 평균적인 의미가 있다. 개인차는 있겠지만 정말 가고 싶은 회사가 평점이 안 좋더라도 오차범위 -0.1~-0.5까지만 허용하는 것이 입사·이직 후 후회를 최소화하는 방법이다.


## 현업자 만나기

현업자 컨택은 지원하려는 회사의 내부상황을 가장 정확하게 알 수 있는 방법이다. 내가 가려는 팀의 조직은 어떻게 구성되어 있는지, 동일 직군에서 함께 일하는 상사와 동료의 유무, 지원하는 업무에 대해 전사적인 지원이 가능한지, 함께 일하는 사람들에 대한 평판 등 입사 후 시뮬레이션을 돌리는데 필요한 소스들을 파악할 수 있다. 지인을 통해서도 만나기 어렵다면 블라인드와 링크드인, 인스타그램과 페이스북 등의 SNS를 적극적으로 활용해 일면식이 없더라도 자신의 상황을 공유한 후 10분 내외의 티타임 내지는 서면 질문이 가능한지 물어보면 좋다. 이렇게라도 현직자를 컨택하기 어렵다면 무료 온라인 멘토링을 제공하고 있는 잇다, 코멘토, 숨고, 커피챗, 잡다 등의 플랫폼을 활용해 보자.

## 애널리스트 보고서에서 힌트 얻기

뉴스 분석과 사업계획서는 기업의 현재와 미래의 방향성에 대한 흐름을 파악하는데 유용한 방법이다. 하지만 양이 너무 많고 동향만 확인하는 수준이기 때문에 기업의 비즈니스 모델을 다시 정리하고 기업의 차별화 전략을 파악하는 데 시간이 오래 걸린다는 단점이 있다. 이럴 때 증권회사의 애널리스트 보고서는 시간이 부족한 지원자들에게 기업분석의 지름길을 제공해 준다.

애널리스트 보고서는 보통 기업소개, 비즈니스 모델 요약, 매수·매도 포인트, 기업 밸류에이션 등으로 구성되어 있다. 여기서 매수와 매도 포인트는 기업이 무엇 때문에 성장할 수밖에 없는지, 현재 시점에서

**증권회사 애널리스트 보고서**

증권회사 사이트에 등록된 애널리스트 보고서는 기업별·산업별 보고서를 볼 수 있으며,
회원가입만 하면 누구나 무료로 열람할 수 있다.

(출처 : 신한금융투자, 미래에셋증권 보고서)

는 어떤 부분에서 매력도가 떨어지기 때문에 매도해야 하는지 등 전문가들의 인사이트가 담겨 있다. 이를 취업 또는 이직의 상황에 적용해 보자. 기업의 현재 상황은 물론 동업계 대비 어떤 전략을 구사하고 있는지 한 번에 파악할 수 있는 힌트를 제공해 준다. 이후 비즈니스 모델 캔버스를 직접 그려보며 기업의 비즈니스 운영구조를 파악한다면 기업을 입체적으로 이해할 수 있다.

## 기업 내부자보다 더 많은 정보를 구하는 방법

SNS가 가지는 순기능은 비단 현직자에게 콜드 메일을 보내는 것뿐만 아니라 평소 만나기 어려웠던 기업 CEO의 생각과 운영철학, 현시대를 바라보는 관점에 대해서도 알 수 있다. 특히 스타트업의 경우 대표들의 특징은 자기 PR에 능하다는 것이다. 그들은 적극적으로 CEO 브랜딩을 하는 것은 물론 페이스북과 인스타그램 등의 SNS에 회사의 비전과 방향성뿐만 아니라 본인이 평소 보고 듣고 참여했던 모든 것들을 공유하는데 거리낌이 없다. 이는 C 레벨이 아닌 일반적인 기업 내 중간관리자 또는 관리자 집단에서도 충분히 확인할 수 있다.

특히 스타트업이나 스타트업 문화를 지향하는 곳은 아예 대놓고 기업에서 이루어지는 프로젝트 과정과 일하는 방식, 내부 분위기에 대해 공식적으로 공개하고 있다. 토스, 쿠팡, 배달의 민족 등 다양한 IT 기업들은 기성기업들의 기업 홍보 톤앤매너가 아닌 '우리는 이렇게 일하고 있습니다' '이러한 절차에 따라 업무 프로세스가 이루어지고 있습니다'

도서 인플루언서로도 유명한 '애드쿠아'의 임현규 본부장 페이스북 /
현직자들이 최신 정보와 특정 정보에 대한 해석과 생각을 공유하는 플랫폼 '커리어리'(최해솔 PM 페이스북) /
현직자들의 생각을 엿볼 수 있는 '링크드인'(쿠팡 채용 담당자 주재성 시니어 페이스북) (왼쪽부터)

비바리퍼블리카의 기업문화와 일하는 방식을 알 수 있는 '토스' 블로그 /
버킷플레이스의 다양한 프로젝트 스토리를 알 수 있는 '오늘의 집' 블로그 /
배달의 민족 기술 조직에 관한 이야기를 볼 수 있는 유튜브 채널 '우아한 Tech' (왼쪽부터)

라는 것을 마치 일기처럼 공유하고 있다.

이처럼 SNS를 통해 CEO와 임직원, 그리고 기업의 비전과 방향성, 가치관과 현재 관심이 있는 것이 무엇인지 파악해 지원하려는 회사에 진정성을 어필하고 명확한 지원동기 및 입사 후 포부를 언급할 수 있을 것이다.

## 정보구조도, 서비스 경험은 필수, 정책 사이트도 점검하기

서비스 기획 직무에 지원하는 사람이라면 서비스 분석은 물론, 서비스 분석의 기초가 되는 정보구조도를 그려보며 서비스의 구조에 대해 먼저 모니터링하는 것이 필요하다(서비스 분석방법은 Part 3의 4장 참고).

기획 직무 인터뷰를 하다 보면 늘 나오는 질문이 있다. '저희 서비스 이용해 보셨어요?' '혹시 어떤 게 제일 좋으셨고 어떤 것이 불편하셨어요?' '어떤 것을 고치고 싶으세요?' 이런 질문에 대비하기 위해서는 사전에 서비스를 이리저리 뜯어보며 문제점과 개선할 점을 파악해 메모장에 따로 나열해 둔다면 '섬세한 지원자'라는 인상을 받을 수 있다.

또한 지원하는 기업의 서비스가 2개 이상이라면 다른 서비스도 반드시 이용해 보는 것이 좋다. 내가 국내 배달업체의 기획자로 지원했을 때는 배달의 민족과 쿠팡이츠의 '라이더' 앱을 함께 이용해 보았다. 배달 서비스의 경우 음식을 구매하는 일반 고객 외에 음식을 제공하는 음식점 업주, 배달을 해주는 라이더라는 2개의 공급자를 더 가지고 있으므로 라이더 서비스를 이용해 보지 않았다면 서비스의 운영체계를 이해하는 데 한계가 있었을 것이다.

그렇다면 실제 경험하기 어려운 '판매자' 영역은 어떻게 알 수 있을까? 이커머스의 셀러 및 협력사, 배달 서비스의 업주들이 다루는 어드민 시스템은 실제 협력업체가 아니면 사실상 접하기 어렵다. 이 경우는 회사 홈페이지의 '정책 사이트'에 기재된 서비스, 개발, 운영정책들을 확인하면 도움이 된다.

여기서 우리가 취직·이직을 준비하는데 그 회사의 정책까지 알아야 하는지 의문이 들 수 있다. 하지만 회사의 '정책'이란 제품(Product) 단위(추천, 쿠폰, 행사 배너, 프로모션 관리, 회원가입 인증 등)의 사용설명서라고 볼 수 있다. 즉, 정책 사이트를 살펴본다는 것은 회사 서비스의 운영체계와 흐름을 보다 명확하게 이해할 수 있는 것은 물론 타사 대비 지원하는 회

### 쿠팡이츠와 배달의 민족 라이더 경험

사의 서비스 제공 방향을 파악할 수 있다는 것이다. 이는 서비스 개선책을 제안할 때 답변을 구체화하는 데 큰 도움이 될 수 있다.

예를 들어 '배민 사장님 광장'에서는 광고신청, 광고운영, 주문접수 등의 기능별 정책을 통해 제품 공급자의 활동범위와 영역, 판매자 어드민 시스템의 구성내용을 간접적으로 확인할 수 있다. 이를 통해 서비스 운영을 위해 고려되어야 하는 운영정책도 함께 파악할 수 있다.

또한 네이버페이 개발자센터의 경우 개발정책서에 기재되는 기능과 기능 간의 관계, 개발에 필요한 요건들을 상세하게 확인할 수 있다. 이를 통해 면접 또는 입사 후 서비스의 기능 구현을 위해 개발자와 커뮤니케이션을 할 때 기술에 대한 높은 이해도를 바탕으로 사전과제를 수행하거나 현업 투입 시 순조롭게 업무를 진행할 수 있다.

### '배민 사장님 광장' 이용 가이드

[출처: 배민 사장님 광장]

## 경력을 추려낼 단 하나의 나침반 : 기업 비전과 인재상

기업에 대한 충분한 이해를 바탕으로 지원할 기업을 선택했다면 기존에 작성해 두었던 기본 경력기술서와 포트폴리오를 그 기업에 맞게 다시 가다듬는 작업이 필요하다. 이때 해당 기업에 맞는 경험을 선별해 내기 위해서는 기업의 비전 또는 인재상에 대해서도 충분한 이해가 필요하다.

기업에 지원하면서 인재상과 비전, 리더십 원칙을 자세히 들여다보는 사람들이 의외로 많지 않다. 지극히 추상적이며 나와 그다지 상관없어 보이는 좋은 말만 늘어놓은 것처럼 느껴지기 때문이다. 하지만 이는 좋은 인재를 영입하고 조직원 모두가 한 목표를 향해 몰입할 수 있는 환경을 연출하기 위해 여러 가지 비전과 이상적인 인재상을 정리해 놓은 것이다.

따라서 지원자는 기업의 인재상, 비전, 리더십 원칙에 맞게 본인이 정리한 경력과 포트폴리오를 다시 필터링해야 한다. 그 기업의 적임자라는 것을 경력기술서, 포트폴리오, 면접에서 드러낼 수 있도록 기업이 원하는 그것과 내 경험을 1:1로 매칭시키는 작업이다.

예를 들어 쿠팡은 15가지의 리더십 원칙을 가지고 있다. 직원들 자신을 리더로 설정하고 주체의식을 가지고 일하는 것을 쿠팡 측은 희망하고 있다. 만약 쿠팡에 지원하고자 한다면 이를 토대로 기존에 정리했던 업무내용 가운데 리더십 원칙과 한 번 더 매칭시키는 작업이 필요하다.

**쿠팡의 15가지 리더십 원칙**

## 쿠팡의 리더십 원칙

쿠팡의 직원들은 우리 각자가 리더라고 생각합니다. 다음은 우리의 리더십 원칙 가운데 우리의 문화를 규정하는 몇 가지 주요 원칙들입니다.

아래 리더십 원칙을 선택하여 자세한 내용을 확인하십시오.

| | | |
|---|---|---|
| Wow the Customer | Company-wide Perspective | Ruthless Prioritization |
| Dive Deep | Think Systematically | Disagree and Commit |
| Simplify | Hire and Develop the Best | Deliver Results with Grit |
| Aim High and Find a Way | Influence without Authority | Learn Voraciously |
| Demand Excellence | Hate Waste | Move with Urgency |

| 리더십 원칙 | Company-wide perspective |
|---|---|
| 리더십 내용 | 자신의 일의 전후 단계, 조직에 끼칠 영향도, 다른 조직 영향도 등을 함께 고려하며 업무해야 함 |

| 업무(프로젝트)명 | 모바일 라이브 커머스 상담 어드민 신설 |
|---|---|
| 프로젝트 기간 | 3개월 |
| 참여 인력 | 3명 |
| 내용 | · 라이브 커머스 성장에 따른 고객 문의 증가 대비 상담 어드민 화면 중 관련 화면 전무 (프론트 서비스 오픈은 4년째이나 CS 처리 목적의 어드민 無) <br>· 고객센터 상담 역량 강화를 위해 라이브 커머스 주문 이력, 편성 조회, 실시간 채팅 이력 조회, 프로모션 상세 정보, 당첨자 즉시 조회 등의 데이터를 조회할 수 있는 화면 기획 |
| 성과 | · 기존 업무 처리 단계 축소 (유관부서 담당자 확인 시 3단계 → 즉시 확인) <br>· VoC 접수 없이 즉시 안내 가능 → 관련 문의 상담사 만족도 n점 증가 <br>· 관련 문의 재문의 비율 감소 |
| 러닝 포인트 | · 프론트 초기부터 백오피스 기획을 함께 고려해야 함 <br>· 정보구조도 설계 후 기획 일정 설계 시, 백오피스 스토리 보드부터 먼저 진행 <br>→ 운영을 뒷받침할 수 있는 내부 인프라 구축에 힘쓰는 것이 <br>   고객 만족도에도 기여함 |

기존에 정리했던 업무내용 가운데 리더십 원칙과 한 번 더 매칭시키는 작업이 필요하다.

# STEP 7) 떨어져도 괜찮은 면접 기억 만들기

　이직을 성장의 동의어로 생각하는 사람들에게 면접은 가장 흥분되고 설레는 경험일 것이다. 회사생활, 사내정치 등을 배제한 채 오직 '실력'만으로 검증받을 수 있는 유일한 기회이기 때문에 가장 즐거운 순간이 될 수 있다. 하지만 면접이 기획자의 성장에 도움이 되기 위해서는 다양한 준비의 과정이 필요하다.

　먼저 면접장에서 이야기하고 싶은 경험을 한 번 더 선별해 2+2 구조로 준비해야 한다. 가장 최근의 경험 한 가지와 가장 성과가 좋았던 경험 한 가지를 준비하고, 현재 직장에서 비춰지는 나의 이미지와 애용하는 서비스 사례에 대해 각각 미리 답변을 준비해 보자. 앞의 2가지는 경력기술서 또는 포트폴리오에서 기재된 경험 중 가장 어필하고 싶은 경험으로 선정해 문제해결 과정의 탁월함을 어필하기 위한 질문이다. 그리고 뒤의 질문 2가지는 기획자로서의 성향과 지원하는 회사의 문화에 적합한 인재인지를 보여주기 위해, 그리고 평소 서비스를 바라보는 관점을 설명하기 위해 필요한 질문이다. 이를 정리한 후 예상 질문 리스트를 만들어 이미지 트레이닝을 반복하면 큰 도움이 될 것이다.

| 문제해결 과정의 탁월함을<br>어필하는 2가지 질문 | 회사의 문화에 적합한 인재인지를<br>보여주는 2가지 질문 |
|---|---|
| • 가장 최근의 경험 한 가지<br>• 가장 성과가 좋았던 경험 한 가지 | • 현재 직장에서 비춰지는 나의 이미지<br>• 현재 애용하는 서비스 사례 |

다음은 내가 면접에서 받았던 질문들을 크게 5가지로 추려본 것이다.


## 자기소개

1) 1분 내외로 자기소개 부탁드릴게요.

2) 현재 회사를 그만두고 이직하려는 이유가 뭔가요? 지원동기와 함께 말씀해 주세요.


예상 면접 질문의 첫 단계인 '자기소개'는 아무리 많은 연습을 해도 늘 어색하다. 그럴 때일수록 단순하게 답변을 구성해야 한다. 본인 소속과 연차, 이름을 언급하고, 주요 경력 3가지 또는 자신이 보유한 기능 위주로 최대한 짧게 답변하도록 한다. 실제로 말을 할 때는 길어질 수 있으니 45초 내외로 답변 구성을 준비하는 것이 좋다. 괜히 튀려고 미사여구를 이용하거나 특정 키워드를 사용하는 것은 사족이 될 수 있으니 가급적 지양하기 바란다.

이직 사유는 '본인의 성장'이라는 키워드에 맞게 답변하는 것이 좋다. 정답은 없지만, 기존 회사에서의 업무 부적응, 직장 동료와의 갈등 등과 같은 부정적 답변은 제외하고, '기업의 비전과 본인의 성장을 함께하고 싶다' '기존 기업에서 일하면서 느꼈던 성장의 갈증을 귀사에서는 해소할 수 있을 것을 기대한다'라는 뉘앙스로 답변한다면 지원의 진정성을 부각시킬 수 있다.

## 업무 경험

3) 가장 최근에 했던 업무와 기억에 남는 프로젝트를 구체적으로 설명해 주세요.

3.1) 해당 프로젝트를 통해 고객과 내부 직원에게 어떤 영향을 끼쳤다고 보나요?

3.2) 지원자 본인이 설정한 가설 검증 결과의 적정성을 어떻게 판단했나요? 어떤 지표들을 사전에 설정했나요?

4) 기획의 우선순위를 정할 때 어떤 기준에 의해 정하나요?

5) 실패했던 프로젝트가 있다면 그 이유는 무엇인가요?

6) 고객의 의견을 분석하는데 능숙하다고 했는데 내부 이해관계자와의 소통은 어떻게 했나요?

6.1) 다양한 유형의 고객이 있을텐데 백로그 관리는 어떤 툴로 하고 있나요?

6.2) 가장 우선순위를 두는 고객과 그렇게 정한 이유는 무엇인가요?

7) 백오피스 기획 시 어떠한 기준에 의거해 서비스를 기획하나요?

5가지 면접 질문 가운데 가장 많은 시간을 차지하는 부분은 업무 경험과 관련된 영역이다. 아무리 좋은 예상 면접 질문과 답변 사례를 찾아봐도 나의 경험에 딱 맞는 모범답안은 없다. 따라서 경력기술서와 포트폴리오를 충분히 숙지하고 최대한 문제해결 과정을 중심으로 프로젝트

당시의 감정과 생각을 복기하는 것이 필요하다. 2+2 전략에 따라 최근 경험과 가장 기억에 남는 경험을 미리 최대한 준비해 두자.

이때 답변이 장황해지지 않도록 주의해야 한다. 말이 길어지는 이유는 대개 프로젝트의 개념이 어렵거나 타인에게 배경설명을 하는데 정리가 안 되어 있기 때문이다. 모르는 사람에게 프로젝트의 배경을 설명하는 경우 자신이 경험했던 것처럼 이입될 수는 없으므로 답변구조는 프로젝트 정리 시 활용했던 SBI 프레임워크에 맞게 구성하는 것이 좋다. 프로젝트가 시작되게 된 배경 - 내가 마주한 현실(문제) - 이것을 해결하기 위한 나의 실험(가설 설정 및 검증) - 그 과정에서 나타난 문제 - 다시 해결 - 얻은 결과(정량적 지표 또는 정성적으로 느낀 배움) 순서로 준비하면 된다.


## 인성과 업무방식 탐색(이 사람이 우리 회사에 오면 어떻게 일할지)

9) 본인이 속한 현재 회사의 가장 큰 장점과 어려움은 무엇이라고 생각하나요?

10) 사내에서 평소 어떤 이미지로 불리는 것 같나요?

11) 지원하는 곳은 스타트업인데 굳이 오려고 하는 이유가 있을까요?

12) 본인의 커뮤니케이션 강점은 무엇이라고 생각하나요?

13) 만약 A팀과 B팀의 목표가 충돌하게 된다면 어떤 식으로 커뮤니케이션할 건가요?

13.1) 앞서 이야기한 커뮤니케이션의 강점이 이 회사에서도 적용될 수 있다고 생각하나요?

14) 생산성이 떨어지는 동료와 일해 본 경험이 있나요?

**15) 리더에게 불합리한 업무를 지시받았을 때 어떻게 해결하나요?**

애자일로 프로젝트를 진행하는 곳이라면 인성과 업무방식 탐색에 관한 질문의 비중은 훨씬 더 높아진다. 지원자의 실력이 아무리 뛰어나더라도 업무방식과 커뮤니케이션 스타일이 지원 회사의 조직문화와 맞지 않는다면 성과를 만들어 낼 수 없기 때문이다. 가령 A팀과 B팀의 목표가 충돌할 때 어떻게 문제를 풀어나갈 것이라는 질문에서는 '서비스의 현재 지표를 먼저 분석하고 영향도를 분석한 결과 업무 비효율이 늘어나는 결과를 초래한다면 과감하게 기능을 원상회복하거나 론칭 일자를 늦추겠다'라는 답변이 가장 이상적일 수 있다. 서비스 기획팀과 충돌이 발생할 수 있는 부서는 매출 중심의 영업팀 또는 마케팅팀, 고객정보 관리에 민감한 CS팀과 정보보호팀, 법무팀 등이 있다. 각각의 팀이 피력하는 의견은 모두 자사와 고객을 지키기 위한 내용이기 때문에 절대적인 옳고 그름을 판별하기 어렵다. 다만 이때 기획자는 프로젝트를 본래의 목적에 맞게 수행해야 하는 역할을 부여받았다는 것을 잊어서는 안 된다. 따라서 반드시 사전에 각 현업 부서별로 영향도를 미리 파악하고 정책 설계를 촘촘히 해 기업과 고객을 지키기 위한 절충지대를 발견해 프로젝트를 성공시키는 것이 필요하다.

## 도메인 지식의 이해

**16) 오픈마켓과 종합몰, 홈쇼핑의 차이는 무엇이라고 보나요?**

17) (공급자 서비스가 있는 경우) 공급자 서비스도 사용해 봤나요?

17.1) 사용해 봤다면 어떤 점을 개선하고 싶은가요?

18) 동종업계와 저희 회사 서비스의 차이점은 무엇인가요?

19) 전혀 다른 산업의 서비스 중 저희 서비스가 참조하기 좋은 서비스가 있을까요?

20) 이커머스 어드민 기획 경험이 많던데, 어드민과 프론트 기획의 가장 큰 차이점은 무엇인가요?

21) 운영 정책을 정할 때 평소 본인만의 팁이 있나요?

22) 지원하는 회사의 예상되는 가장 많은 고객 클레임은 무엇이라고 보나요?

23) 그리고 그 클레임을 해결하기 위한 대안은 무엇일까요?

24) 입사 후 어떤 퍼포먼스를 낼 수 있다고 보나요?

기획자는 항상 본인만의 판단기준과 기획의 근거를 가지고 업무를 진행해야 한다. 앞서 분석했던 4가지의 기획자 성향 중 나의 포지셔닝을 결정한 후 사업 성장 관점에서, 이해관계자들 간의 의견을 조율해 모두가 상생하는 방향에서, 안정된 운영에 초점을 두거나 데이터에 기반해 고객의 생각을 대변한다는 관점에서 등 선택한 결정과 결과물이라는 본인의 기준을 답변하면 된다. 그리고 그 답변의 끝에는 무엇을 배웠는지, 결과물에 얼마나 집중했는지 등의 내용이 함께 기술되어야 한다. 도메인 지식의 이해에 대한 질문은 서비스의 컨셉 및 목적에 맞게 기능과 사용자 경험을 고도화하는 역량을 갖췄는지 평가할 수 있는 질문이기에 기획자의 강점과 역량을 최대한 드러내는 것이 좋다.

여기서 어려운 질문은 '입사 후 퍼포먼스'일 것이다. 회사의 사정을 잘 아는 내부자도 아닌데 외부자의 입장에서 퍼포먼스를 예측하기란 쉽지 않다. 하지만 이 질문은 지원하는 직무의 업무를 정확히 이해하고 '서비스의 문제점을 파악했는지' '앱스토어에 가장 많이 접수되고 있는 리뷰가 무엇인지 파악했는지' (공급자 서비스가 있다면) 공급자 서비스까지 사용해 보았는지' '정책 사이트에서 서비스의 운영방식을 파악해 리뷰할 것을 발견했는지' 등을 물어보는 동시에 발견한 문제에서 지원자의 역량을 발휘할 수 있는 영역이 무엇인지 물어보는 질문이라고 보면 된다.

## 지원자의 질문

이 질문은 보너스 질문이다. 면접 말미에 '더 하실 말씀 없으신가요?' 라는 말은 면접관이 정말 궁금해서 물어보는 것이다. 최소 2~3단계의 채용을 준비하는 동안 지원하는 회사와 기업에 대해 수없이 조사했고, 기업을 대표하는 사람들을 어렵게 만난 이 자리에서 추가적인 질문이 없다는 것은 면접관 입장에서 볼 때 정확하게 공부를 안했거나 면접을 보고 나서 이 회사에 지원하고 싶은 의욕이 떨어졌기 때문은 아닐까라고 생각할 수 있다. 그래서 이때 질문은 간결하지만 기업의 현 상황과 서비스의 현황을 한 번에 꿰뚫는 좋은 질문들을 던지는 것이 좋다.

1) 기업 내에서 서비스를 만드는 팀에 현재 얼마나 많은 지원이 이뤄지고 있나요?
2) 서비스의 핵심 타깃으로 두고 있는 고객은 누구인가요?
3) 서비스 기획팀 구성이 궁금합니다. 아울러 개발팀과 디자인팀의 파트 구성과 인

원도 함께 알고 싶습니다.

4) 데이터에 기반한 의사결정은 현재 어떤 구조로 이루어지고 있나요? 데이터분석 담당자가 별도로 있나요?

5) 서비스의 핵심 KPI와 전사 차원의 핵심 KPI를 알 수 있을까요?

6) 제가 만약 입사를 하게 된다면 주로 어떤 업무를 하게 될까요? 그중 가장 중요한 업무는 무엇인가요?

7) 기술부채에 대해서는 누가 관리하고 계신가요?

8) 이 회사에서 원하는 '기획자'의 이상적인 모습은 어떤 것일까요?

9) 일이 되게 하는 조직을 만들기 위해 팀과 전사 차원에서는 어떤 노력들을 하고 계신가요?

10) 서비스 운영 측면에서 가장 우려가 되는 문제점은 무엇인가요?

（３）

# 마무리, 면접 끝? 복기까지 해야 진짜 끝이다

　면접이 끝났다면 결과에 관계없이 최대한 빨리 질문과 답변 내용을 복기해야 한다. 어떤 질문들이 나왔는지 되짚어보고 내가 했던 답변의 과정들을 하나씩 다시 평가해 봄으로써 면접관이 그런 질문을 던진 의중은 무엇이었는지, 나의 답변은 적절했는지, 다음번에 비슷한 질문을 받는다면 더 나은 답변은 어떻게 할 수 있을지 등을 회고해야 한다.

**배달 서비스 면접 후기 기록**

[면접후기] 기업명+직무명

by beyondeyes · May 31, 2022

1. 채용 공고

**채용링크**

2. 채용 공고 내용 상세

· 업무 내용

· 고객센터에서 Escalation 되는 이슈에 대한 확인 및 유관부서와 협업
· 고객센터 가이드 제공
· 정책 마련 및 Follow-up
· 모니터링을 통한 개선 및 업무간소화

자격 요건

· 고객중심 마인드를 갖고 원활한 커뮤니케이션이 가능하신 분
· 적극적이며 변화에 빠르게 적응하고 열정과 의지를 가지고 있으신 분
· 주어진 업무 보다 스스로 문제를 찾고 해결해 나가실 수 있으신분

우대 사항

· 고객서비스에서 2년 이상의 경력을 보유하시거나 동종업계 경험이 있으신 분
· 고객서비스 관련 전공자 및 고객 서비스 관련 자격증을 보유하신 분

3. 질문내용

1) 1분 자기소개 (지원 동기 부분)
2) 주요 업무 내용 중 가장 인상적이라고 생각하는 업무 2가지 설명

**답변**

3) 상담 어드민 기획 업무가 많은데 기록시 어프로치 방식과 진행 단계는?

4) **서비스명** 좋았던 점 1개 나빴던 점 1가지

　**답변①**

　**답변②**

5) **서비스명** ～하면서 들었던 생각은?

· (개선포인트로 서술)

**대표 답변**

**답변①②③**

6) 하는 업무가 빨라며 상담원 문의건 중 2-3일 내에 처리해야하는 건들에 대해선 우선순위를 어떻게 조정하는지?

**답변**

7) 현재 운영하고 있는 상담사 규모와 도급센터는?
8) 기타 궁금한 사항은?

286　Part 5. 이직을 꿈꾸는 서비스 기획자들을 위한 조언

이 내용은 실제 면접을 봤던 2021년 5월, 면접 종료 후 모든 내용을 브런치에 기록했던 게시물이다. 질문의 내용만 기록하기보다는 채용공고와 업무내용을 함께 기재해 채용공고가 삭제되는 불상사도 막고 공고 내용을 한눈에 파악할 수 있도록 하였다. 아울러 질문 내용과 함께 내가 말한 답변이 생각나는 경우에는 답변을 함께 기재해 두었다. 만약 면접이 너무 길고 질문이 많아 모든 내용을 기록할 수 없다면 생각나는 것들만이라도 기록해 두면 좋다. 여기에 면접을 좀 더 선명하게 기억하고 싶다면, 면접에 참여했던 인원 수와 면접관의 이름, 그리고 마지막 질문까지 함께 기록하는 것이 좋다.

· · ·

이렇게 나 자신에 대한 이해부터 면접까지의 긴 여정을 마치고 나면 한 가지 머릿속에 떠오르는 질문이 있다.

'이렇게 이직을 준비하고 다양한 공부를 하고 사이드 프로젝트까지 하는데 기획자의 미래를 어떻게 담보할 수 있을까? 개발자와 디자이너 없이 아무것도 못 만드는 나는 결국 대체되지 않을까?'

이 책을 마무리하는 시점에서 나는 이 질문에 대해 "대체되지 않아. 다만 …"이라고 말하고 싶다. 물론 개발자 또는 디자이너가 기획자로, PO/PM으로 전향하는 사례가 늘어나는 상황에서 기획자가 이런 걱정을 하는 것은 당연하다. 하지만 기획자는 기획이라는 업무의 특성상 개발자와 디자이너와는 확실히 다른 특징을 가지고 있다. 기획자는 비즈니스 모델, 제품 비전, 전략과 프로젝트 매니징, 운영 및 마케팅, CX 등 서비스를 만들고 운영하는데 필요한 모든 영역들에 개입하고 서비스를 고도화하는 역할을 하고 있다. 한마디로 서비스 전체를 총괄할 수 있는 멀티플레이어가 되어 개발자와 디자이너가 생각하지 못했던 방향과 솔루션을 제시하는 것이 기획자 자신의 미래를 담보할 수 있다는 것이다.

기획자로의 첫 커리어를 앞두고 있거나 이제 막 시작한 사람들, 이직을 준비하고 있는 사람들 모두 이 책을 통해 '부분이 아닌 전체'를 바라볼 수 있는 자신만의 시각과 생각을 길러갈 수 있기를 바란다.

부록

# 기획자의
# 북마크

제가 지난 5년 동안 업무를 하면서 쌓아온 저의 북마크들과 업계 지인들이 추천했던 도서, 뉴스레터, 웹사이트를 부록에 담아보았습니다. 아직 모자란 부분이 많고 공부해야 하는 것들도 산적해 있지만, 기획자로 살면서 알고 있으면 좋을 것 같은 내용들이 꽤 많습니다. 부록의 북마크를 참고해 더 나은 기획자가 되기 위한, 그리고 이상적인 기획자로 성장하기 위한 나만의 북마크를 하나씩 만들어 보시기 바랍니다.

# 1       기획자를 만드는 최소한의 '도서 북마크'

## 유료 강의 없어도 충분한 글쓰기 실력 올리기

1     글쓰기 전에 자신의 언어 습관을 먼저 돌아보기 좋은 책

    《단어의 사생활》, 제임스 W. 페니베이커, 사이, 2011년

2     논리적 글쓰기? 일단 이 책부터 읽고 시작하세요

    《바바라 민토 논리의 기술》, 바바라 민토, 더난출판사, 2019년

3     일단 다양한 글에 먼저 친해지는 게 필요합니다

    《글쓰기 생각쓰기》, 윌리엄 진서, 돌베개, 2007년

4     기획자는 모바일의 글쓰기를 따로 익혀 둬야 합니다

    《웹 기획자가 알아야 할 서비스 글쓰기의 모든 것》, 유경영 外 5명, 위키북스, 2016년

## 전공 구분 없는 전략적 사고 익히기

1  비즈니스 모델 분석의 백과사전 같은 책

《한 장으로 끝내는 비즈니스 모델 100》, 곤도 데쓰로, 청림출판, 2019년

2  PO/PM의 기초 도서

《인스파이어드》, 마티 케이건, 제이펍, 2018년

3  중독되는 서비스를 만들고 싶은 기획자라면 지금 당장

《훅(Hooked)》, 니르 이얄, 리더스북, 2014년

4  기획자는 어떻게 돈 버는 서비스를 만들 수 있을까?

《헤르만 지몬의 프라이싱》, 헤르만 지몬, 쌤앤파커스, 2017년

## 멀티플레이어를 꿈꾸는 기획자를 위해

1　이 책을 먼저 알고 시작했다면 얼마나 좋았을까?

《처음부터 다시 배우는 웹 기획》, 정재용, 최준호, 조영수, 한빛미디어, 2016년

2　그리 멀지 않은 UX 리서치 이야기

《꼭 필요한 만큼의 리서치》, 에리카 홀, 웹액츄얼리코리아, 2020년

3　디자이너와의 소통 전, 미리 알아야 할 A to Z

《이것이 UX/UI 디자인이다》, 조성봉, 위키북스, 2020년

4　개발자와의 소통을 위한 최소한의 지식

《비전공자를 위한 이해할 수 있는 IT지식》, 최원영, 티더블유아이지, 2020년

## 기타 서적 추천

1    애자일 프로세스를 기획뿐만 아니라 자신의 삶에 적용해 보자

《칸반과 스크럼》, 헨릭 크니버크, 마티아스 스카린, 인사이트, 2013년

《OKR》, 존 도어, 세종서적, 2019년

2    애자일에 따른 UX 기획방법부터 창업 가이드까지 - '린 시리즈'

《린 고객 개발》, 신디 앨버레즈, 한빛미디어, 2015년

《린 스타트업 실전 UX》, 로라 클라인, 한빛미디어, 2014년

《린 마인드셋》, 메리 포펜딕, 톰 포펜딕, 한빛미디어, 2014년

《린 분석》, 앨리스테어 크롤, 벤저민 요스코비츠, 한빛미디어, 2014년

《린 UX》, 제프 고델프, 조시 세이던, 한빛미디어, 2013년

《린 스타트업》, 애리 모리아, 한빛미디어, 2012년

3    데이터 구축부터 가설 검증까지 - '데이터 리터러시'

《데이터분석가의 숫자 유감》, 권정민, 골든래빗, 2021년

《데이터 리터러시》, 강양석, 이콘, 2021년

《빅데이터 시대, 성과를 이끌어 내는 데이터 문해력》, 카시와기 요시키, 프리렉,
2021년

# 2 하루 10분, 빈틈 지식을 채워줄 '뉴스레터 북마크'

1     좋은 제품과 전략, 마케팅에서 비즈니스까지

       Craft + alchemy   https://www.canda.blog/


2     이걸 공짜로 봐도 될까요?

       요즘 IT 뉴스레터   https://yozm.wishket.com/magazine/


3     매일경제가 이름 떼고 만든 스타트업 뉴스레터

       미라클 레터   https://page.stibee.com/subscriptions/33271


4     한 달에 한 번 배달되는 서비스 분석 사례

       Built for mars   https://builtformars.com/


5     취준생, 주니어 기획자를 위한 필독 뉴스레터

       팁스터   https://maily.so/tipster


6     UX/UI를 빠르고 쉽게 보는 방법

       UX/UI 해외 주간 아티클   https://maily.so/from.designer

       디자인 나침반 레터   https://maily.so/designcompass

# 3 업무 지식을 한층 더 강화해 줄 '웹사이트 북마크'

---

1 데이터 리터러시를 끌어올리는데 단돈 0원?

데이터 온에어 https://dataonair.or.kr/


2 하루 한 편, 영양제 같은 사이트

성장을 위한 아티클 모음 https://bit.ly/3lTQcRV


3 UX/UI의 최적화된 사례가 필요할 때

'GDWEB 디자인 어워즈' 선정작 모음 https://www.gdweb.co.kr/

디자이너스 https://designus.io/topic


4 개발자와 일하다 자괴감이 들 때

A to Z 자료 모음집 By 그랩 https://bit.ly/3uhL5qT


5 초기 스타트업의 기획자들이 1일 1독 해야 할 사이트

First 1000 https://read.first1000.co/


6 다양한 프로덕트를 만나고 싶을 때

프로덕트 헌트 https://www.producthunt.com/

## 참고자료

1) https://dwarves.foundation/playbook/aarrr-framework-zmjhde6izw/

2) https://chunksofco.de/front-end-vs-back-end-vs-client-side-vs-server-side-7a04b3ec8764

3) https://chunksofco.de/front-end-vs-back-end-vs-client-side-vs-server-side-7a04b3ec8764

4) https://medium.com/by-emerson/ux-vs-ui-whats-the-difference-eb9f03376437

5) https://blog.toss.im/article/toss-productowner-interview

6) Google I/O, 2017

7) https://www.sktelecom.com/advertise/press_detail.do?idx=5057

8) https://bit.ly/3zu17xn

9) https://crowdfavorite.com/agile-design-what-weve-learned/

10) 로버트 C. 마틴, 《클린 애자일》, 인사이트(insight), 2020

11) 김태달, 〈Agile 방법론을 이용한 소프트웨어 개발 프로젝트관리〉, 한국인터넷방송통신학회, 2016, pp.157~159

12) https://www.retrium.com/blog/10-retrospective-techniques-to-try-with-your-agile-team

13) 정성문, 〈데이터 만능주의 '분석의 함정'〉, DBR, 2020년 6월

14) 〈Choosing Your North Star Metric〉, Future, 2021년 6월 15일,
https://future.a16z.com/north-star-metrics

15) 〈Choosing Your North Star Metric〉, Future, 2021년 6월 15일,
https://future.a16z.com/north-star-metrics

16) 〈Principles and Frameworks of Product Metrics〉, Dan lee medium, 2021년 9월

23일, https://bit.ly/38kuSrG

17)  https://medium.com/%EC%98%A4%EC%9D%BC%EB%82%98%EC%9A%B0-
     %ED%8C%80-%EB%B8%94%EB%A1%9C%EA%B7%B8

18)  https://uxdesign.cc/app-critique-framework-for-product-design-interviews-
     24b64cfad4ab

19)  https://www.nngroup.com/articles/usability-101-introduction-to-usability/

20)  https://uxdesign.cc/the-ultimate-ux-research-cheat-sheet-b70862c086a6

21)  '사용자 인터뷰', 스포카, https://spoqa.github.io/design-toolkit/project/user-
     interiew, 신디 앨버레즈, 《린 고객 개발》, 한빛미디어, 2015년 5월, pp.94-107

22)  신디 앨버레즈, 《린 고객 개발》, 한빛미디어, 2015년 5월, p.142

23)  https://www.altexsoft.com/blog/uxdesign/information-architecture/
     https://imyeonn.github.io/blog/%EA%B8%B0%ED%9A%8D/193/

24)  https://writingcooperative.com/the-anatomy-of-an-amazon-6-pager-fc79f31a41c9

25)  https://www.amazon.jobs/en/principles

26)  니르 이얄, 《훅(Hooked) - 습관을 만드는 신제품 개발 모델》, 리더스북, 2014년 12월

27)  https://www.dongascience.com/news.php?idx=26154

28)  "기업 떨게하는 리뷰가 '갑'···'호모리뷰쿠스' 時代", 아시아 경제, 2015.04.10,
     https://www.asiae.co.kr/article/2015041009493871566

29)  https://blog.prototypr.io/how-to-use-strength-of-social-proof-as-ui-element-
     665a150b02cd

30)  기어박스, http://www.gearbax.com/24208

31)  https://eiec.kdi.re.kr/publish/naraView.do?cidx=11526

32)  https://www.etoday.co.kr/news/view/1980874

33)  https://www.sachinrekhi.com/finding-product-culture-fit

현직 서비스 기획자가 들려주는
커리어 관리부터 취업·이직까지!
## 서비스 기획자로 일하고 있습니다

**초판 1쇄 발행** 2022년   9월 10일
**초판 3쇄 발행** 2024년 10월 30일

**지은이** 강승훈
**펴낸이** 백광옥
**펴낸곳** (주)천그루숲
**등 록** 2016년 8월 24일 제2016-000049호

**주소** (06990) 서울시 동작구 동작대로29길 119
**전화** 0507-0177-7438 **팩스** 050-4022-0784 **카카오톡** 천그루숲
**이메일** ilove784@gmail.com

**기획 / 마케팅** 백지수
**인쇄** 예림인쇄  **제책** 예림바인딩

ISBN 979-11-92227-83-2 (13320) 종이책
ISBN 979-11-92227-84-9 (15320) 전자책